精益实践

创建连续流

CREATING

CONTINUOUS

FLOW

[美] 瑞克·哈里斯（Rick Harris）　著
迈克·罗瑟（Mike Rother）

精益企业管理咨询(上海)有限公司　译

人民东方出版传媒
People's Oriental Publishing & Media
东方出版社
The Oriental Press

图书在版编目（CIP）数据

创建连续流 /（美）瑞克·哈里斯（Rick Harris），（美）迈克·罗瑟（Mike Rother）著；精益企业管理咨询（上海）有限公司 译 . — 北京：东方出版社，2023.11
（精益实践）

书名原文：Creating Continuous Flow

ISBN 978-7-5207-2683-2

Ⅰ.①创… Ⅱ.①瑞…②迈…③精… Ⅲ.①物流管理 Ⅳ.① F252.1

中国版本图书馆 CIP 数据核字（2022）第 039663 号

中文简体字版专有权属东方出版社
著作权合同登记号 图字：01-2021-5845号

创建连续流

（CHUANGJIAN LIANXULIU）

作　　者：〔美〕瑞克·哈里斯（Rick Harris）〔美〕迈克·罗瑟（Mike Rother）

译　　者：精益企业管理咨询（上海）有限公司

责任编辑：申　浩

出　　版：东方出版社

发　　行：人民东方出版传媒有限公司

地　　址：北京市东城区朝阳门内大街 166 号

邮　　编：100010

印　　刷：北京联兴盛业印刷股份有限公司

版　　次：2023 年 11 月第 1 版

印　　次：2023 年 11 月第 1 次印刷

开　　本：880 毫米 ×1230 毫米　1/32

印　　张：6.125

字　　数：110 千字

书　　号：ISBN 978-7-5207-2683-2

定　　价：49.00 元

发行电话：（010）85924663　85924644　85924641

生产现场是管理水平的真实反映。

推荐序一

质量是企业的生命，精益是企业提质增效的有效工具，为企业管理转型升级提供了清晰路径。精益既可以指导企业的经营生产，也可以助力企业的设计研发，精益管理涉及企业管理的方方面面，对于企业发展具有重要意义。

中国有 4000 多万家各类企业，中小微企业占比超过 95%，广大中小企业经过多年的发展，产品研发、质量管控、经营管理水平都有了很大的提升，为我国的经济发展、劳动就业、科技进步、社会稳定做出了巨大贡献。但不容否认的是，我国的广大中小企业是在改革开放后的几十年间迅速诞生、成长、发展起来的，是从物资短缺中走过来的，是很多本来没有做过工业或没有受过系统工业化训练的人逐渐摸索着做起来的。因此，在我们的一些企业中，难免或必然存在着粗放、浪费、品质差、质量低、成本高等不良现象，尤其是与日本、德国等企业管理较为系统、成熟、精细的国家相比，我们确实还有不小的差距。为此，国家制定了《"十四五"促进中小企业发展规划》，其中明确提出了九项重点工程，而中小企业质量品牌提升工程即为其中之一。中小企业应利用好政策的优势，借鉴国内外成功企业在质量管理和质量技术方法推广应用方面的经验，做好引进、消化和吸收，让好的方法为我所用，实现自身的良性发展，是一条较为符合我国实际的策略。而精益管理，正是这样一种适合广大企业学习运用且行之有效的方法。

《中华人民共和国国民经济和社会发展第十四个五年规划和2035年远景目标纲要》明确提出，要"实施领航企业培育工程，培育一批具有生态主导力和核心竞争力的龙头企业。推动中小企业提升专业化优势，培育专精特新'小巨人'企业和制造业单项冠军企业"。国家大力倡导培育"专精特新"企业，其中的"精"是指"精细化"，而精益的理念刚好契合了精细化的概念。对于企业如何去做精细化管理，实现精细化目标，精益管理提供了答案。从这个角度来看，实施精益管理既符合企业自身发展的需求，也符合国家促进中小企业良好发展的期望。

我们认为，虽然精益管理的理念及方法首先诞生于日本，有些方面或许与我国的企业管理理念有所区别，但这并不妨碍我们学习和借鉴；虽然精益管理诞生于20世纪，而随着这些年来工业领域的智能制造、数字化、工业互联网、物联网、供应链等技术的突飞猛进，为一些具体操作工具也插上了信息化的翅膀，作为一种系统的管理思想和方法，对于一些中小企业而言仍具有较高的实践价值。

我们理解，精益管理首先是一种思想、观念、意识，即作为企业管理者，在思想上要始终树立降低成本、减少浪费、持续改进、不断优化、提高质量、提升价值的意识，要认识到改进生产工艺流程无穷期、降低价值链上的各种成本费用无止境、提高产品质量无尽头、提升产品价值无终点。其次，精益管理是一个体系、系统、网络、链条，是一个企业全方位、全流程、全员都囊括其中、所有人要参与的全体行动，不是零星、局部、个别环节、某个人的单一行为。这就是说，精益管理必须整体动员，从企业高层到基层，从前端的原材料供应到后端的产成品交付及客户服务，从物资到厂房、机器设备再到资金以及人力资源等所有要素，都要纳入精益管理的系统之内，协同行动，才能将精益做好。最后，精益管理是通过一系列原则、标准、方法等具体工具实施的，是实践、行动和具体工作，其中涵盖了很多科学管理方法，如戴明环、流程图、六西格玛、价值流图，以及若干数据分析、看板、图、表等具有特殊功能的管理手段。所以说，精益管理需要掌握这些原则，学习这些方法，并具体投入实践才行。

为了更好地推广精益思想，培育精益管理人才，精益企业中国（Lean Enterprise China, LEC）将《精益术语汇编》《均衡生产》《综观全局》《创建连续流》《精益物流》《建立一个精益的供需系统》这套在国外久负盛名的精益工具书引入中国，在国内翻译出版。这套书的引进，有利于在广大中小企业中培养一批懂精益、用精益的高水平质量人才队伍，为广大质量工作者学习精益提供帮助，同时，也必然有利于助力广大中小企业走专精特新之路，让企业更有生命力、竞争力和发展力，助力企业整体运行的质量提升。我们衷心希望，在全社会重视质量、发展质量、提升质量的大背景下，精益管理在建设质量强国的道路上能发挥更大作用！

宁金彪

中国中小企业协会副会长

推荐序二

　　《创建连续流》是丰田汽车生产系统（Toyota Production System, TPS）的核心战略，目的是让产品在制造流程中尽可能地从一个工位流向下一个工位，直到产品完成，送到客户手中。这不仅能够满足客户对货品的时间需求，更能在短时间内为企业创造利润。因此，"连续流"是一家企业，尤其是资源欠缺的中小企业族，快速提升生产效率的一个有力抓手。

　　TPS 的祖师爷大野耐一先生就很明确地告诉丰田员工："我们所做的一切都是为了缩短产品交付给客户的时间。"换句话说，丰田要求员工把工作重心放在"流动"上，因为只有生产线"流动"了，才不会有中间产品停滞在生产线边或仓库里。当遇到目前技术无法克服的状况，比如冲压件，就设立"超市"，采用先进先出的补料方式弥补不能流动的缺失。工厂经理、工程师和一线管理者的主要责任就是帮助员工排除障碍，解决困难，尽量维持生产线的连续流动，过程中尽量不要有断点。

中国台湾的李兆华老师30余年来无论在丰田主机厂或零部件工厂工作，乃至在其他行业辅导咨询时，自始至终都奉行"流动"的原则，指导管理者帮助一线员工将生产线上的断点工序尽可能地串联起来。经他指导后，昆山的捷安特自行车工厂、深圳的安镁金属制品工厂，以及溢达桂林十如制衣厂都在短时间内取得显著的成果，值得精益实践者去参观学习。

溢达制衣厂实施"连续流"一年里就减少了62%的中间制品的库存，缩短了1/3的交付时间，让客户尽快收到成衣制品，为企业创造了可观的现金流。鉴于"十如"的优异成绩，我特别邀请主持制衣工厂转型的姜春中总经理审校本书的翻译稿。请他以一个业者的亲身体会，使用生产线的语言为读者说明"连续流"的来龙去脉。希望有心的读者有样学样，带领各自的团队实施连续流，为企业创造价值。

这本书早在 2007 年由 LEC 第一名员工武萌先生翻译，感谢团队的彭照先生、许丽小姐、丁少磊先生的共同努力，并在伟创力电子公司的慷慨赞助下完成了第一版印刷，供 LEC 读者作为参考资料。感恩与东方出版社合作将六本精益工具书以丛书形式出版，并承中国中小企业协会作序推荐；溢达董事长杨敏德女士为本书亲笔写序。希望该丛书让更多的读者接触到精益思想，帮助中国企业学习精益方法来落实转型，提升企业效益，增强竞争力。幸甚！

赵克强博士

精益企业中国总裁

2021 年 10 月

推荐序三

初识赵克强博士是 2018 年，恰逢溢达进行精益的推广与转型，而他领导的精益企业中国（LEC）正致力于向中国企业推广精益管理之道。赵博士实地走访了中国的多家工厂后，最终选择了"十如"——溢达在桂林建造的可持续发展园林，作为合作推行精益的示范基地之一。

在仅一年半的时间里，"十如"的制衣车间以创建连续流为指导准则，通过不断消除流程中的断点，探索最佳实践和生产方式，成功完成了由传统制衣的"孤岛式"工艺流程到"价值流单元式"生产流程的转变，在制品数量降低了 62% 以上，但员工收入却提升近 20%。这一次完整的变革历程，也打造了一个具有精益思维的团队，为后续持续改善奠定了基础。

精益的推行，不仅令生产运营系统得到有效快速的改进，也同时推动了"十如"的绿色低碳发展。单位效率的提升让整体能耗得到降低，而更高的原料利用率和制程的优化，则减少了碳足迹。这些都让"十如"更快迈向碳中和。

在精益转型过程中，《创建连续流》作为整个过程的指导用书，为现场的变革提供了理论基础。一方面，《创建连续流》以案例的形式，系统地针对生产过程中如何根据客户需求搭建连续流进行了阐述，这让溢达可以参考借鉴，在转型过程中少走了弯路；另一方面，书中精炼了搭建连续流的工具、原则，可以反复查阅、思考、对照，帮助读者掌握并形成自己的方法论，结合实际需求进行运用。

"十四五"规划纲要是国家自全面建成小康社会后的第一个五年规划，将推动高质量发展，高水平对外开放，大力推动创新，强调要加快构建以国内大循环为主体、国内国际双循环相互促进的新发展格局。新发展格局意味着庞大的发展机遇。

《创建连续流》中文译本再次出版，可以说是正合时宜，希望这本经典精益工具书能够帮助更多中国企业成功搭建连续流，提升竞争力。因为我们不仅要紧紧抓住"十四五"的机遇，更要加速低碳转型，努力争取在 2060 年前实现碳中和!

杨敏德

溢达集团董事长兼首席执行官

2020 年 10 月

前言

我们于 1998 年编写出版了精益企业研究院（Lean Enterprise Institute, LEI）的第一本书《学习观察》。在那本书中，我们鼓励读者去识别他们的主要产品族，并画出价值流图来描述工厂当前的信息流与产品流。我们可以从许多层级来画出价值流图，小到一个生产单元内的单一流程，大到从原材料一直到客户的全部流程。我们建议最好从单个工厂内开始绘制。

然后，我们鼓励读者对每个产品族的现状价值流图进行改善，描绘出未来价值流图，使信息流能顺畅地从顾客流向工厂里的各个工序，产品流可顺畅连续地流向顾客。最后，我们建议要快速地制订一个实现未来价值流图的实施计划。

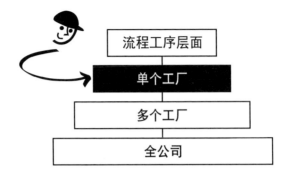

読者对《学习观察》的反响非常热烈，这本书的英文版已经卖出了 5 万多本，并且已经被翻译成了汉语、法语、德语、日语、葡萄牙语、西班牙语、土耳其语及瑞典语等十余种版本。然而，从读者的反馈来看，很多人在实际创建连续流的时候碰到了许多困难。

在走访那些正在从职能型布局（或称为加工群布局）到产品族单元生产转变的工厂时，我们经常看到，生产单元内的流动间断且不稳定。每个小时的产量波动剧烈，各工序间的在制品开始有少量堆积。每当看到类似情况，我们立即意识到，单元生产的优势有 50% 以上没有得到发挥。此外，如果生产单元被安排在定拍工序的上游，由于下游工序的停滞和不稳定，单元生产的好处也无法传达至顾客。

那么，如何才能创建真正的连续流，将单元生产的好处传达至顾客并可以持续保持呢？其实方法并不神秘。早在多年以前，丰田及其子公司已经做得非常好了。但对大多数经理、工程师、生产相关人员来说，要想做好，可能需要一位老师，来传道授业解惑，带领他们一步步实现。为了给读者提供一位这样的老师，我们继迈克·罗瑟（Mike Rother）和约翰·舒克（John Shook）的《学习观察》之后，推出了这本《创建连续流》。本书的着眼点从工厂转移到流程工序层面，作者迈克和瑞克·哈里斯将从定拍工序开始，一步步尽可能详细地介绍创建连续流的过程。

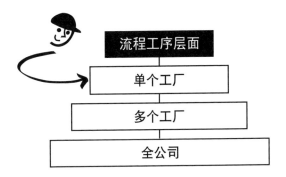

读过《学习观察》应该对迈克不陌生，而瑞克可能是一个

新名字。瑞克最开始在通用汽车公司从事车间管理，工作 15 年后，在丰田汽车公司位于肯塔基州的工厂担任装配线经理亲身实践精益生产。瑞克和迈克两人目前仍在从事精益生产的研究，并推动其他公司的精益实施。

对读过《学习观察》并能准确地画出当前及未来价值流图的读者来说，阅读本书后会提前知道自己需要什么样的帮助来实现真正的连续流以及连续流所带来的好处。对于那些刚刚接触精益思想或者对流程改进有着丰富经验的读者，相信他们只是希望从本书中得到一些改进现有单元生产的提示，这些人可以通过学习本书第一章来正确地定义产品族及定拍工序，进而从余下各章中找到创建连续流的捷径。

但这里有一点提醒：绘制价值流图，展望未来状态的过程是令人感到鼓舞和欣喜的，毕竟，任何人都可以在纸上勾勒出非常吸引人的未来状态。但在创建连续流的过程中，你将会面临方方面面的现实问题，成功只可能建立在管理层、工程师和操作员共同合作的基础上。这是一项艰难的工作，其间你可能会犯一些错误，但从中吸取经验的好处是巨大的。这个过程中所需要的知识都已被总结在本书中。

此外，我们热切地希望听到你的消息，无论是成功还是遇到困难与挫折，你都可以通过访问网站 www.lean.org 来与我们探讨。如您对本书有任何建议或意见，可通过 ccf@lean.org 跟我们联系。最后，请花一些时间认真学习这本行动指南，将《学习观察》作为必要的参考。如您在创建连续流中对解决某些问题颇有心得，希望能告诉我们，我们会通过全球精益网络与更多人分享您的经验。

吉姆·沃麦克、丹·琼斯、约翰·舒克

作者序

精益生产的最终目标是实现连续流动，建立连续流已经是无数个改善项目的目标。我们对很多企业进行过广泛的观察，注意到它们的确在创建连续流方面下了很大的功夫，但真正实现连续流的寥寥无几。

在我们的观察中，许多人把精力集中在建立 U 型生产单元的布局上，却往往忽略了更重要的部分：建立并保持高效的连续流。很多工厂以为，只要把几台机床集中起来，按照一定的工序进行加工，就可称作"生产单元"，但几乎见不到真正做成单元生产的连续流。

理想的连续流，是物料连续地从原材料到成品，沿着价值流不间断地流动。但是首先有很多问题需要解决，你需要从一个地方开始聚焦，就是先从"定拍工序"或者价值流的一个工序开始，这个工序通常在接近顾客的价值流尾端。这往往也是价值流中最重要的一环，因为定拍工序直接影响着能否为顾客提供满意的服务，以及对上游工序的需求。所以在定拍工序实现稳定的生产节奏、均衡及物料连续流动，是整个价值流稳定运行的基础。

当近距离观察一些企业的定拍工序时，往往会发现物料流动断断续续，工序间在制品库存堆积，流转批量过大，每小时的产量波动，以及由于操作员等待机器而导致的劳动效率低等问题。其实，企业已经打破了传统的加工群式布局，完全可以把价值流做得更好，达到更高的效率。

作者写本书的目的就是帮助你擦亮眼睛，使用一些方法来协助你实现并维持真正的连续流。企业面临着顾客遍布全球、产品寿命周期越来越短的挑战，因此迫切需要一种易于设计和管理、成本低、柔性好、可靠性高的生产模式。在这方面，被广泛应用的、基于操作员作业的生产单元具有较大的优势，故本书将重点集中在生产单元的设计及建立上。丰田及其子公司在这方面做了许多宝贵的探索，因而我们也很幸运地站在前人的肩膀上，延用他们的许多理念和方法，建立起一个真正的连续流。

通过学习本书，你不仅可以掌握一些实用的工具和方法，还能具备更敏锐的观察流动的能力。在应用本书中介绍的方法时，你将会更多地关注流动，而不仅仅是设备的布局。但更重要的是，立即行动起来，今天就开始，选出一个定拍工序，建立连续流。只有朝正确的方向坚持不懈地努力行动，才能有所成就。所以，不要等待，现在就行动起来吧！

迈克·罗瑟、瑞克·哈里斯

连续流

这本书强调在定拍工序里创建一个连续流。其实创建连续流的概念并不局限于定拍工序，而是可以应用在整个生产流程的其他各个工序中。同样地，本书提到的各个工具能够广泛地应用于各种不同类型的生产流程。下表列出了种种不同的流程类型及其适用性：

流程类型	适用性
纯手工生产	强
操作员与自动化设备相结合的生产线	强
运用传送带的生产线	中
半自动传递生产线 （结合操作员作业）	中
自动化传递生产线 （操作员不需太多作业，主要负责监控）	×
多功能全自动设备	×

生产单元定义

生产单元是将人、机、料、法相结合，按照工序进行有序连接，形成一个连续流的生产方式（或者在一些情况下采用稳定的、小批量的方式，按照加工步骤进行流动）。生产单元有很多种不同的布局，最普遍是 U 形生产单元。当然，连续流也同样可以应用在直线型的流水线上。很多公司都将"生产单元（Cell）"和"生产线（Line）"这两个术语交替使用，本书同样如此。

团队作业

要创建一个连续流，需要一个团队的共同努力。精益体系的成功，特别依赖于一线员工日常的持续改进，但同时也需要管理层和工程师们的参与，来建立系统，做示范，解决问题并有效管理整个流程。一个用来创建连续流的团队，应该包括以下一些相应的人员：

价值流经理（参考《学习观察》）：绘制未来价值流图，并不断改进，将重点放在定拍工序上，从这里开始实施连续流。

区域主管：带领团队创建、维持并不断地改善连续流。

工业工程师和制造工程师：通过在生产现场收集数据，进行生产布局的规划，确定连续流生产单元的操作员构成。他们要密切地配合单元的执行和改善。工程师要负责设计、开发、组装能够为建立连续流提供必要支持的小型简单机器设备。

生产团队：操作员、班组长和生产主管是实施连续流的基础。同时，他们还要维持连续流的运转，并进行不断的改善。

维修人员：调试生产设备，直到可以按照原计划正常工作（同工业工程师和制造工程师一起），并对各种突发状况进行快速响应。

精益专家：支持以上所有人。

目 录
Contents

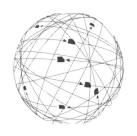

第一部分　起步

第一部分　起步

欢迎来到 Apex 输油管公司！

Apex 公司是一家典型的离散型零部件制造企业，主要生产用于轿车、卡车以及其他重型机械设备上的输油管。我们把它作为一个例子，来展示创建连续流的过程。近年来，基于市场低价格、高质量、多频次交货，以及快速响应的需求，Apex 公司决定重新审视生产运营的流程。

多年来，Apex 公司的生产由制造和组装两个职能部门组成，产品的移动呈意大利面条图状，难于管理，更难于改进。于是，Apex 管理层在《学习观察》一书的指导下，分析确定了公司的产品族，并按产品族进行分类和管理。

Apex 管理层依据产品加工过程和所用设备的相近情况，列出了产品族矩阵。

轻型卡车输油管是 Apex 公司最主要的产品，且受降价压力影响最大。针对该产品族，Apex 任命了一位全职的价值流经理，绘制了当前价值流图（参见附图 1）。供应给国家大道装配厂的成品有三种型号：短软管件（S）、长软管件（L）、混合动力件（A）。通过现状价值流图分析，Apex 管理层发现，工艺专业的布局方式必然导致批量的加工，从而造成物料等待，实际的

	加工过程及设备							
	成型	钻孔	铜焊	弯管	预装配	总装	压合	检测
轿车	X				X	X	X	X
卡车 S	X			X	X	X	X	X
卡车 L	X			X	X	X	X	X
卡车 A	X			X	X	X	X	X
重型卡车		X	X					X
重型机械	X	X	X	X		X		X

Apex 公司产品族矩阵

加工时间还不足产品交付周期的 0.01%，大部分厂房空间都被用来堆放库存，或用来实现工序间的流转。总之，没有流动，即使有大量的在制品库存，也很难应对顾客需求的波动。

Apex 管理层很快决定在最后五个加工工序内建立连续流的生产单元（当然，在此之前，他们确认过这里仍有足够的设备来维持其他产品的生产），并在新建立的生产单元与上游加工工序间，建立了一个超市拉动系统。这样，在不同的产品族之间，仍然可以以批量的模式进行生产。这种拉动系统代替了原先的计划表，对生产过程予以控制。通过努力，打破了迟缓的传统模式，使快速转换成为可能。Apex 设计和实施的未来状态图参见附图 2。

Apex 选择了一个正确的点，就是"定拍"工序，开始输油管的价值流改进。这里所说的定拍工序指的是，可以根据顾客对该产品族中不同型号产品需求的变化做调整的、一个可以决定整条价值流生产节奏的工序。运行良好的定拍工序，可以向上游发出稳定的需求信号，使其批量生产以满足内部对稳定生产指令的需求。

Apex 管理层和工程师们做了一个明智的决定：以最小的投入，维持一个简单的生产单元。比如，他们曾经设想在生产单元中配备一台成型机，使生产更加连续顺畅，但这需要比较大的投资（将来可以用节省下来的钱，投资购买设备继续改进），因此决定用一个简单、经济、灵活性强，以操作员作业为基础的生产单元，来满足顾客的需求。这样的安排不仅能确保流程的有效性，又能向上游工序发出稳定的生产需求的信号。

Apex 管理层采用以操作员作业为基础的 U 型布局生产单元，如下页图所示。他们仅花了一两天时间就把机器移动到位，准备生产。这项改进大幅降低了交付周期时间和车间的场地需求，同时提升了操作员的生产效率。

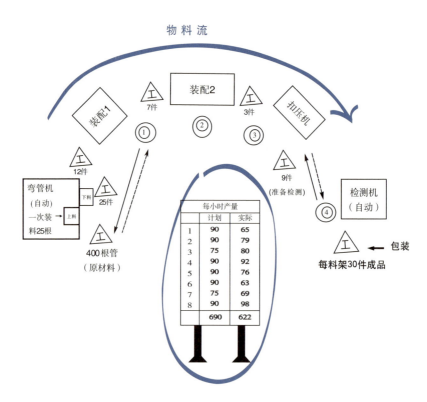

物料流

装配1

工
7件

装配2

工
3件

扣压机

① ② ③

工
12件

弯管机
（自动）
一次装
料25根

下料

上料

工
25件

工
9件
（准备检测）

④

检测机
（自动）

工

→ 包装

每料架30件成品

工

400根管
（原材料）

每小时产量		
	计划	实际
1	90	65
2	90	79
3	75	80
4	90	92
5	90	76
6	90	63
7	75	69
8	90	98
	690	622

Apex 公司输油管生产单元现状

	最初状态	现状
连续流	否	否
每班产量 （实际/目标）	不稳定 ≈ 622 ／ 690	不稳定 ≈ 622 ／ 690
场地面积 （平方英尺*）	1130	580
装配线交付时间 （在制品 × 节拍时间）	11天	37分钟
操作员人数	6	4
人均生产效率 （件/人·小时）	13.5	20
定拍工序是否 有效地发挥作用	否	否

Apex 公司推行连续流的成绩

* 1平方英尺 ≈ 0.093 平方米

更近一步观察——注意观察流动

　　Apex 公司的管理团队、工程师以及生产相关人员（操作员）为新的生产单元感到振奋，因为他们在很短的时间内，提高了50%的人均生产效率，节省了一半的场地面积，同时大幅缩短了生产交付周期时间。但是当你用"流动"的观点去看这个生产单元时，恐怕会发现有更多需要改进的地方。为了深入了解，让我们沿这个生产单元走一圈，去发现其中的问题。

我们观察生产线的第一步就是要亲眼去看当前的状态，然后问"问题在哪里"。走近 Apex 的生产线，首先注意到的就是放在入口处的生产管理板，上面列出当天每小时的生产计划与实际产量。看到这些数据我们很快就会发现：为什么实际产量波动很大，而且达不到指标，甚至有时只能达到计划的 2/3。是由于设备的能力不足，导致产生了不合格品，还是因为设备不能正常运转？是由于供应商缺货，还是因为零件质量问题？当问题发生时，谁负责解决这些问题？

不管原因是什么，实际产量的大幅波动说明这个生产单元有很大的改进空间。特别是在 8 小时内，有 3 小时的产量超过了计划产量，要知道过量生产也是一种非常严重的浪费。按照目前的生产计划，每个生产单元每班安排 4 名操作员，因此任何单一人员变更应该不会导致生产不稳定。除非还有其他隐藏的问题或质量不稳定，否则这个单元作业一定存在浪费。

我们开始寻找波动和浪费的根源。首先观察生产单元中的前两个步骤，弯管及装配 1。第一名操作员每完成 25 件就必须离开工位一次，或者按节拍时间计算每隔 16 分钟离开一次。每 25 件有 3 分钟的间隔，意味着原材料物流中断，或是弯管和装配 1 工序之间出现脱节。换句话说，连续流被切断了。

我们继续现场观察，发现工序之间存在着数量不等的库存，而且每名操作员都像是被固定在机器前，等待下一次加工操作，这中间的等待时间没有被充分利用。

工序间的缓冲库存并不是一个平衡各工位工作负荷的有效方法。当工序间的缓冲库存达到设计的最大值时，上游工序通常会非正常地停止供应，在此期间，他们经常会处理一些计划外的工作，比如准备物料，做些周期外的操作，等待下游工序赶上来。但是，生产操作的连续性被打断了，各工序以批量的形式生产，无法实现单件流。

各个孤立的工序被称作"孤岛"，这些不连续的生产流程可能带来过量生产以及等待的浪费。这些浪费会在每班、每天、每周、每年的生产过程中不断地重复，不要以为小的浪费不要紧（对于 Apex 公司的经理来说也许一点儿都不明显），但积少成多，如果每班的各种浪费积累起来超过 600 次的话，后果会非常严重！

同时，不连续的生产流程会掩盖生产线上的问题，最常见的是，当一个工序发生问题时，其他的工序还在继续生产。一班工作结束后，这些积累的问题会导致产量达不到指标。特别是定拍工序，必须加以管理。因此要求操作员在发现问题时，必须立刻通报。现场支援小组包括车间主管、设备维护人员及工程师等，必须立刻到现场去解决问题。操作员不可能一边生产，一边又要寻找问题的根源，并且快速解决。

我们还发现工位之间的距离过大，使得 U 形生产单元的优势无法发挥。比如，第一名和最后一名操作员，因为负责的工位间距离远，造成不必要的走动浪费。要知道每当他们离开工位时，生产就停顿下来。因此在设计生产单元时，应该充分征求操作员的意见。

经过这些观察，我们得到的结论是：Apex 公司的生产单元并不是真正的连续流，只是一些断断续续的孤岛流程。最好的证明，就是工序之间存有在制品库存以及不稳定的产量。这样的生产单元只是在形式上简单地把操作员和设备连接在一起，但实际上并没有达到连续流的真正要求。

主要的三种流动

试着换一个角度去观察生产单元或生产线:

1.信息在流动吗?

是否所有人都知道每小时的目标产量?

出现异常或问题后,多久才会被发现?

问题发生后,如何处理?

2.物料在流动吗?

工件是否在增值工序加工后,被紧接着移动到下一个增值工序?

3.操作员是否在流动?

操作员的工作在每次周期运作中,是否是一致的、可重复的?

操作能否有效地从执行一项增值工作转到下一项增值工作?

虽然 Apex 公司新的生产单元已经比过去工艺专业化的生产方式(按设备类型划分)改进了很多,但是如果我们进一步改进生产和流程设计，形成连续流，几乎可以使人均生产效率翻倍，减少一半的生产空间，缩短近90%交付周期时间，并且大幅提高质量，满足顾客的要求。我们将在接下来的章节里，告诉你如何达到表中右列的这些目标。

	最初状态	现状	目标
连续流	否	否	是
每班产量（实际/目标）	? / 690	不稳定 ≈622 / 690	690 / 690
场地面积（平方英尺）	1130	580	252
装配线交付时间（在制品×节拍时间）	11天	37分钟	200秒
操作员人数	6	4	2
人均生产效率（件/人·小时）	13.5	20	40
定拍工序是否有效地发挥作用	否	否	是

Apex 公司输油管生产线的目标

我们将先抛出 11 个问题来帮你思考，指导如何在生产单元中实现连续流。每个问题都需要你和你的团队用心思考，找出应对的方法。你会发现，一旦将这些方法付诸实施，企业的生产效益就可以显著地提高。

问题一：是否有合适的产品族?

Apex 公司选定了一个产品族中的三种产品，在这个生产单元中生产。不过，你需要根据自己企业的实际情况来思考如何为定拍工序选择正确的产品。以下是一些指引供参考：

1）柔性生产。当需求高时，可以用一个生产单元来专门生产一种产品，如下图所示：

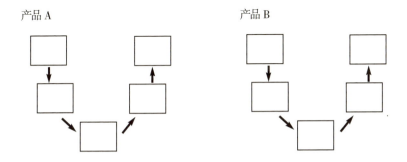

产品 A　　　　　　　　　　　　　产品 B

如果不同产品类型的需求量波动较大，而且换模时间又比较短的话，可以考虑在同一个生产单元里生产多种产品：

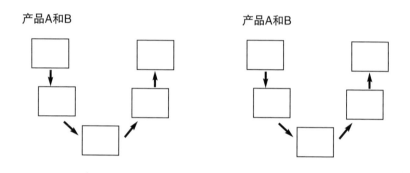

这两种方案的产能是一样的，但是要想迅速反应市场需求的变化，第二个方案要比第一个好。因为后者比较灵活，应变市场的能力较强。一个产品族里，某种产品的需求量可能发生变化，但整个产品族的需求量却是相对稳定的。

2）工作内容。在不同的生产工序里，操作员从开始生产到结束的工作内容和所需要的时间都不相同。在同一个生产单元里，尤其是使用传送带的情况下，不同工序的工作内容差异不应该超过30%。如果差异过大，保持流动和生产力就面临很大挑战，这种情况下就必须考虑分割单元，即再增加一个生产单元，或者把稀少的、较少数量的产品放到其他生产单元生产。（很多工厂甚至建立专门的生产线来加工较少数量的产品，直到产品工程师能在设计阶段缩小不同产品间的工作内容差异）

3）相近的加工步骤及设备。在同一个生产单元中，如不同产品所需要的加工步骤差异太大（例如某些工序没有该产品），那么，操作员为了生产不同的产品必须改变夹具。这种频繁的切换可能降低生产率，而且容易造成质量问题。因此，某些时候我们应该把加工步骤差别太大的产品，移到其他单元去生产。

4）节拍时间（生产节奏）。节拍时间代表顾客多久需要一件成品。计算方法是，每班的可用生产时间除以顾客的需求量。一项常用的准则是，节拍时间不应该低于10秒，否则操作员会因为不断地重复工作，而感受到压力。当需求量很大时，与其用一个生产单元，不如增设几个相同的单元同时生产。这种通过利用简单设备的做法，在每个单元投资不大的情况下最为可行。

相反，当节拍时间慢到超过120秒的时候，每名操作员的动作太多，很难标准化。所以在这种情况下，最好的方法是增加一些工序相近的产品，设法降低节拍时间。但往往因为产量需求不大，即使增加相近的产品，也很难将节拍时间降至120

秒以下。（一般来说，对于节拍时间较长的产品，因为工序复杂，很难将不同产品的所有零件放在生产线边上，方便操作员使用，有时候你不得不增加零件供应的频率或根据装配的顺序供应特定的零件）

5）顾客的分布。如果顾客的地理位置分布得太远，最好的办法就是将生产线拆散，在顾客附近生产。这尤其适用于运输成本和进口关税高，有潜在的汇率损失，以及生产交付周期长，抑或客户本地的设施（监管、建筑等）成本比较低的情况。

问题二：什么是节拍时间？

在已经决定了产品族及定拍工序后，Apex 管理层的下一个任务就是要决定节拍时间了。节拍时间（Takt Time），"Takt" 是一个德语的单词，原意是乐谱上的节拍。从事生产应该像演奏音乐一样，按照节拍进行，不能忽快忽慢。节拍时间是为了满足顾客的需求，控制生产操作的节奏数据。

节拍时间

节拍时间用于帮助使生产速度与销售速度同步。

销售通常是按一天或一星期来计算的，而一件产品的生产时间往往不会持续那么长。由于节拍时间是实际生产的节奏，因此，计算的时候应该以每班的实际工作时间除以这段时间内

$$节拍时间 = \frac{每班可用工作时间}{每班顾客需求数量}$$

在这个例子里：$\frac{27600 秒}{690 件} = 40 秒/件$

这就意味着：顾客每40秒需要1件产品。

（每天或每周）的订单数量。比如，Apex 公司每星期轻型卡车输油管的顾客需求量是6900件，而公司的生产单元每周10班，因此每班的需求量就是690件。

确定了需求量之后，就要用每班的可用生产时间来计算节拍时间。可用工作时间指的是，从生产开始到结束，减掉计划中的用餐、休息、小组会及定时维修等时间。因为节拍时间必须能代表实际客户需求的节奏。注意，不要把计划外的停机、换模以及其他内部问题引起的中断计算进去。

Apex 公司的操作员每周一到周五都安排两班生产，早班从上午 6:00 到下午 2:30，晚班从下午 3:30 一直到半夜 12:00。每班有两个 10 分钟的休息时间，但是没有安排固定维修时间。意外停机事件当然不算在内。这样算下来，公司每班有 27600 秒的可用工作时间。

480 分钟（8 小时）— 20 分钟休息 = 460 分钟 × 60 秒 / 分钟 = 27600 秒

用 27600 秒除以 690 件产品，就可以得出节拍时间是 40 秒 / 件。

$$\frac{27600 \text{ 秒}}{690 \text{ 件}} = 40 \text{ 秒 / 件}$$

这就是顾客需求，也就是市场"击鼓"的节奏。请注意，节拍时间是多少秒生产一件产品，而不以分钟为单位，这样的描述很容易让人理解。同样，我们用生产一件产品需要多少"秒"而不是"小时"来描述生产速度或周期时间。关于节拍时间与周期时间，可以用两个简单但至关重要的问题来回答。第一个问题：节拍时间是指顾客多长时间需要一件产品？第二个问题：周期时间是指在定拍工序生产一件产品需要多少时间？

在计算你自己的节拍时间时，有另外一点也是很重要的，那就是顾客需求是经常变化的。Apex例子中每周6900件的需求是很容易确定的，这是因为Apex所供应的客户的节拍时间是没有频繁改变的。但如果顾客的长期的平均需求与每天的实际需求变化很大，该怎么办呢？

我们建议不要仅凭顾客的订单，而是分析过去12个月里，实际成品的发货量，得出一个平均值。你的生产单元要能够处理可持续的客户需求。对于一些非常规的客户需求，最好仍然是用稳定的节拍时间生产（根据客户的长期的平均需求），可以根据需要安排一个成品的缓冲库存，或者用加班的方法来解决这个问题。理想的生产单元是按照一定节拍生产的，经常改变节拍时间会导致生产效率降低、品质不稳定等问题。

最后，对于产品的未来市场需求，很难作出精确的预测。因此，最明智的做法就是，待需求量落实以后再研究增加产能，而不要一开始就按照最大需求量来设计节拍时间。

周期时间

　　周期时间指的是生产一件产品需要的时间，或在单元尾端成品产出的时间间隔。通常，周期时间应该比节拍时间略短一点。比如，工厂满负荷运转时（或许是为了设备利用率最大化），很有可能把周期时间设定得略低于节拍时间，因为一旦出现设备与物料异常，就没有时间完成计划产量。而这种情况在实际制造中经常发生。

　　但请留意，如果周期时间总是远远低于节拍时间，就会导致过量生产，也可能需要增加额外的操作员（如下图所示）。更糟糕的是，这样将会掩盖许多生产线上的问题，降低发现和解决问题的机会。在定拍工序保持一定的绷紧度很重要，可以确保问题被及时发现并得到相关人员快速的反应和解决。

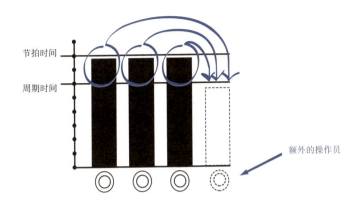

节拍时间

周期时间

额外的操作员

生产周期时间比节拍时间长，可能需要增加操作员

注意：生产过程中不可避免地会发生许多问题，出于这个原因，许多丰田工厂在两班生产之间安排1~4小时的间隔。这样，每班结束后可以有一段缓冲的时间来处理问题，或者利用这段时间加班，来弥补因为设备或其他问题所造成的产量不足。

设定生产节奏

通过计算来确定定拍工序的节拍时间时，还应该注意的一点就是，在很少情况下，只有一个正确的节拍时间（要根据顾客的需求和实际可用的生产时间，对节拍时间进行调整）。

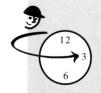

节拍时间是可用生产时间（你可以改变）除以顾客需求量（你不能改变）。具体地说，你可以调整以下参数：

1）可用生产时间 —— 每班次的时间长度
2）生产单元内产品的种类
3）生产特殊产品的生产单元的数量

生产节奏是单元设计中要考虑的一个重要因素，通常会有下列几种选择：

● 生产单元可以采用 40 秒的节拍时间两班运转，也可以采用 20 秒的节拍时间一班运转。一般情况下，管理一个班次的成本和难易程度都较两班容易得多，特别是运行第二班需要额外的支持和支付夜班费用。此外，节拍时间越短，等待的浪费越易暴露。

● 产品的尺寸、重量和复杂程度，会直接影响生产周期时间，以及操作员的动作。对于轻便、低复杂度的产品，操作员的工作时间最好降到 10 秒内。但对于工序复杂、体积较大的产品，较好的办法就是加长节拍时间，增加每名操作员的工作内容，以减少搬运和等待等浪费。

●开始生产一种新产品的时候，应该尽量利用已有的生产单元，而不是建立另外的生产单元，以减少资金的投入，同时缩短节拍时间。

●启用一个新的生产单元时，最好建立一个临时的安全库存，以保证对顾客的供货。同时，生产的周期时间应该比节拍时间略短，这样才能给自己及生产班组施加压力，去不断地发现和解决问题。

这样不断积累经验，渐渐就能够掌握技巧。本章节的要点是了解节拍时间，并且知道如何设定节拍时间。

第二部分　工作要素

第二部分　工作要素

了解工序的细节

问题三：工厂生产一件产品有哪些工作要素？

纸上改善（计划改善）

Apex 生产单元的工作要素

问题四：如何测定每个工作要素的标准工时？

Apex 生产单元工作要素的工时

纸上改善（计划改善）的结果

第一张操作员平衡表

了解工序的细节

前面我们谈到了两个问题：第一个是强调尽量将相近的产品规划在同一个定拍工序，第二个是节拍时间。

如果你首次接触到类似问题，可以借鉴 Apex 管理人员的经验。然而，Apex 公司的生产单元离理想状态还差得很远。因此我们需要更深入地探讨建立一个生产单元的过程。几乎没有多少经理能掌握其中的诀窍：首先要找出生产过程中的每个工作步骤，测量出实际操作的工时，然后立刻消除其中存在的明显的浪费。在连续流设计的这个环节中，你暂时不需要考虑场地布置和操作员的数量等问题，聚焦于员工的工作要素就可以了。

问题三：工厂生产一件产品有哪些工作要素？

当仔细观察输油管装配线的工作流程时，我们可以看到每名操作员在操作多个单独的工作步骤或"工作要素"，每个工位上都需要完成整个操作过程。当我们把每一个工作的工作要素都累计起来，就得到了这个生产单元的所有工作内容。明确这些工作要素是创建一个连续流非常重要的环节。

工作要素可以被定义为，一名操作员每次完成的最小动作组合。例如，"取出一根软管，固定到夹具上"，这是一个工作要素。而"取出一根软管"仅仅是一个动作，是不完整的，这两个步骤是无法分离的。第30—31页的流程工序分析表中，记录的就是Apex公司输油管装配线上，装配1和装配2的工作要素。

注意： 将整体工作分解为一系列的工作要素，可以帮助你找出浪费，然后设法消除这些浪费。否则，浪费会一直隐藏在操作过程中，很难被发现。

要完成工序分析，必须到现场对操作员的工作仔细、反复地观察，绝不要依赖过去的记录或数据。通过观察往往会发现，操作员在每个循环中的动作都有些许差别。这时候需要观察，并确定最佳的工作方法，将之记录下来。同时在表格中的"备注"栏中记录遇到的问题以及自己的改善想法。

记录工作要素的时候，最好使用铅笔。因为在工作要素确定之前，表格中的数据往往需要不断修改，用铅笔书写便于涂改。当表格中的数据确定后，与操作员一起检查遗漏的工作内容，直到大家都认可，最后把整理好的表格重新誊写。

车间应有的礼节

要想对生产流程进行观察，就必须到车间里去，站在操作员身边，与操作员打交道。车间就是操作员的办公室，到车间里去就像进入别人的办公室一样要讲礼貌。

——自我介绍

——解释你所做的事情

——在操作员面前记笔记时，不要隐藏记录的东西

——说"谢谢"

进行观察之前，最好先通知班组长（线长）和生产主管，避免直接与操作员交涉，以免打扰他们的工作，影响生产安全、产品质量和生产效率。一定要牢记你的目的是观察生产工序，了解产品的生产过程。你的任务是记录工作要素，测量实际工时，而不是监督操作员，更不是评定绩效。

在车间里观察生产工序时，仅做到以上礼节还是不够的。最困难的是，如何让礼节形成公司的文化。如果没有这

工序分析		工序：S、L、A 输油管装配线						
工序步骤	操作员							
	工作要素	观测计时						
装配1	拿取弯管，压入夹具							
	拿取连接件，放入夹具							
	拿取软管，放入夹具							
	开始加工							
	松开夹具，取出加工完的工件							
	缠上密封带							
装配2	拿取弯管，放入夹具							
	拿取软管和右金属箍，装配							
	放入夹具并夹紧							
	拿取左金属箍，装到软管上							
	放入夹具并夹紧							
	拿取阀门，放入夹具							
	开始加工							
	取出加工完的工件							

观察者: 玛丽·史密斯				日期/时间: 2000年2月10日 下午3点	页码 1/1
		重复出现的 最短时间	设备加 工时间	备 注	
				需要用锤子压入夹具	
				操作员负责软管的取料及摆放	
				零件放置距离远,操作员需走动拿取	
				是否要进行质量检测?	

种文化，对操作员来说，当他工作的时候有人在旁边观察记录，他很自然地会想，我是不是做得不好，需要有人来监督我？而观察的人发现问题时会倾向于责备操作员，而不去查找问题的原因。

要时刻谨记，在对工序进行观察的时候，我们要更多地关注作业内容，而不是操作员的表现。应该用客观的态度去记录，不要去评判操作员的工作。

纸上改善（计划改善）

在观察和记录工作要素时，要注意识别哪些是浪费。在工厂里，浪费是随处可见的，比如：操作员要走相当远的距离去取工件，在机器运转的时候等待，或者离开工位去做循环周期外的工作。从顾客的角度来看，这些动作并不能增加产品的价值，都是浪费。

在工序分析时，有一个重要的注意事项就是，不要把显而易见的浪费当作工作要素，这些不是工作要素的一部分，这样做的目的是找到浪费并消除掉。这种做法通常称为"计划改善"。因为理想的工序还没有建立，一切寻找浪费、消除浪费的工作都靠从计划改善作业中发现。当然，有些改进必须等新的生产单元建立之后才能进行，比如工件的供料摆放细节。但是，从"计划改善"中，我们已经可以消除很多浪费。

下面是"计划改善"的几条指导原则：

1. 不要把操作员的走动当成工作要素。

因为在一个生产单元建立之前，并不能确定操作员需要多少走动。当然走动越少越好，但在这个阶段先忽略变动。

2. 不要把周期操作计划外的工作视为工作要素。

千万别忘记这一点！在Apex公司的生产单元中，第一名操作员每生产25件产品就要停下来，去给弯管机装料，这项工作并不在他的周期操作中，这就是周期操作外的工作。周期操作外的工作往往会破坏连续流，并且降低生产效率以及维持稳定的节拍时间。像这样的案例还有操作员间歇性地停下工作去拿工件箱，或者去做质量检查以及移动成品车等。

周期操作外的工作不应该由操作员来负责，而应该交给支持人员，如班组长和物料员等。在生产单元中，凡是不属于节拍内的工作要素，都可以交给支持人员去做。如果操作员停下手中的活儿，去做一些周期操作外的工作，把此当作休息，那么就最好规定一个时间，让操作员休息或者轮换。如果操作员去做周期操作外的工作，看上去手上的工作没有停，可是实际上已经打断了连续流，产生浪费了。

有一些周期操作外的工作，也可以转化为正常周期操作。就 Apex 公司的生产单元来讲，可以对工序稍稍进行一下改变，让第一名操作员每做完一个周期的工作，就为弯管机装载一次零件。这样，连续流将变得更加顺畅，而且工序将更加合理。这个改善不难实施，因为弯管机已经具有自动退料的功能。

3. 不要把等待列为工作要素。

机器运转的时候，如果操作员在一边等待，这是一种严重的浪费，必须把它消除掉。机器加工时间和操作员作业时间要分开。操作员在设置好一台机器并且开动之后，可以到第二台机器前去操作，如果在操作员回来之前，第一台机器已经完成加工闲下来了，这没有关系。机器可以等人，但别让人等机器。在理想的生产单元中，操作员为一台机器装料，启动机器之后，在机器运行的时候，到下一个工位去操作。

4.如果机器可以自动退料，就不要再让操作员动手去取，更不要把这个动作列入工作要素。

在理想的情况下，一个节拍的生产结束后，操作员应该正好回到机器前，开始第二次生产。同时，他手边的夹具也应该正好空出来，以便放置下一个节拍内生产需要的工件。如果连续流出了问题，手边的夹具里还有零件，那么，就只好等零件移走之后，再放新的零件。这就是浪费，必须从工艺或设备上改进，予以消除。

Apex 生产单元的工作要素

应用上述原则，我们再仔细观察一遍 Apex 生产单元的作业，并列出生产单元的所有工作要素，同时将消除的浪费也一并列出，采用画线的方式消除。

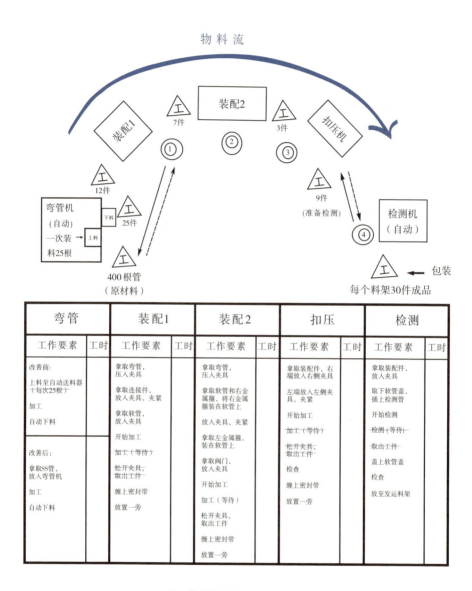

Apex 公司输油管生产单元——工作要素

弯管		装配1		装配2		扣压		检测	
工作要素	工时	工作要素	工时	工作要素	工时	工作要素	工时	工作要素	工时
改善前:		拿取弯管,压入夹具		拿取弯管,压入夹具		拿取装配件,右端放入右侧夹具		拿取装配件,放入夹具	
上料至自动送料器(每次25根)		拿取连接件,放入夹具,夹紧		拿取软管和右金属箍,将右金属箍装在软管上		左端放入左侧夹具,夹紧		取下软管盖,插上检测管	
加工		拿取软管,放入夹具		放入夹具,夹紧		开始加工		开始检测	
自动下料		开始加工		拿取左金属箍,装在软管上		加工(等待)		检测(等待)	
		加工(等待)		拿取阀门,放入夹具		松开夹具,取出工件		取出工件	
改善后:		松开夹具,取出工件		开始加工		检查		盖上软管盖	
拿取SS管,放入弯管机		缠上密封带		加工(等待)		缠上密封带		检查	
加工		放置一旁		松开夹具,取出工件		放置一旁		放至发运料架	
自动下料				缠上密封带					
				放置一旁					

问题四：如何测定每个工作要素的标准工时？

在 Apex 公司的生产单元中，原本存在很多等待及物料搬动的浪费。消除这些浪费后，就可以准备开始测定工作要素的工时了。要获得准确的工时，必须使用秒表到现场进行实际测量，而不能通过电脑内的标准数据或动作时间表来计算。因为这样并不能反映车间的真实情况，同样的理念适用于工程办公室。只有亲自去现场实测才能真正了解现状，发现隐藏的浪费。

注意： 在设计一个新工序时，无法现场测量工时。这时，就只能根据过去的时间数据或动作时间表来推算出工时。一旦新的工序开始实施，就必须重新进行现场工时测量。

测量工时的时候，必须对每个工作要素分别进行测量，测量几个工作要素所需的总时间毫无意义。因为一连串的工作步骤里肯定存在着浪费，若测量总时间就会把浪费也计算在内，比如等待的时间等。[但如果几个工作要素连在一起，且每个动作的时间都很短（1 秒之内），分开测量不切实际，此时可以合并在一起测量。]测量完各工作要素的工时后，还应该测量完整的工作周期时间。这个时间总是比各工作要素工时之和多一些，这两个时间的差值表明了浪费的存在。

在测量工时的时候，只有对每个工作步骤多测量几次，数据才有意义。如果对测时工作要素不熟悉，可以对每个工作要素测时 10 次。多加练习可以提高测时工作的效率，但是不管负责的工程师多么熟练，测时的工作都相当费力耗时。在测量工时的时候，有时按秒表慢了一点儿，就会错过操作员的当前动作，因为他已经开始下一个动作。那么，这一次计时就没有意义了，必须等到下个周期再测量。同样，在记录工时的时候，如果生产过程出现了意外中断，那么这一次计时也就没有意义了，必须重新计时。工时是接下来一切改进的基础。对待工时的测量，必须有耐心。

测量工时应当选择经验丰富的熟练操作员作为被测量对象。最好是挑选一个有代表性的，既不是最快的，也不是最慢的。要多次测量，从中选出重复出现的最短时间，作为这个工作要素的工时，而不要选择平均时间，因为只有重复出现的最短时间才是理想的工时。最后，一定要记住，不要忘记前面所说的车间应有礼节。尽量不要让操作员感到压力，跟操作员说明计时工作的意义，不要造成误会。

测量出工时后，就应该填入流程工序分析表，并要将操作员时间和机器运转时间分开。例如，操作员装料用 5 秒，启动机器花 1 秒，机器运转时间为 10 秒，这样操作员的工时为 6 秒，而不是 16 秒。对操作员测时结束后，也要对机器测时，再分别记录在流程工序分析表中。

注意： 有一些经验丰富的测时人员，通过另外一种计算方法可以不用秒表就估算出工时。他们测时的时候，以操作员的基本动作为单位，假设操作员做每个动作都需要 0.6 秒，那么数一下操作员的基本动作，就可以大概算出工时。这种做法有一定的优点，但我们还是建议使用实际测时的方法。

计时要点：

● 实地收集时间数据

● 站在可看到操作员每个动作的位置

● 为每个工作要素计时

● 重复计时几次

- 观察一个熟练操作员的作业

- 将操作员时间与机器时间分开计算

- 选择每个工作要素重复出现的最短时间

- 遵守车间应有的礼节

Apex 生产单元工作要素的工时

第 41—43 页图表列出了生产单元中每个工作要素的工时，以及机器运转周期时间。从表中可以发现一个重要信息：后 4 道工序生产 1 根输油管，操作员在各自的机器面前累计等待机器操作时间为 21 秒。

不要以为 21 秒微不足道，因为操作员每班会重复等待 690 次，这样累计起来，每人每班有 4 小时的时间被浪费掉。从客户的角度来说，这些等待的过程没有丝毫价值，而且是完全可以避免的。因为按照节拍时间每台机器只需要每 40 秒运行一次，而且在机器运转过程中操作员应该去做其他增值工作，40 秒后再回来装料，启动机器加工。

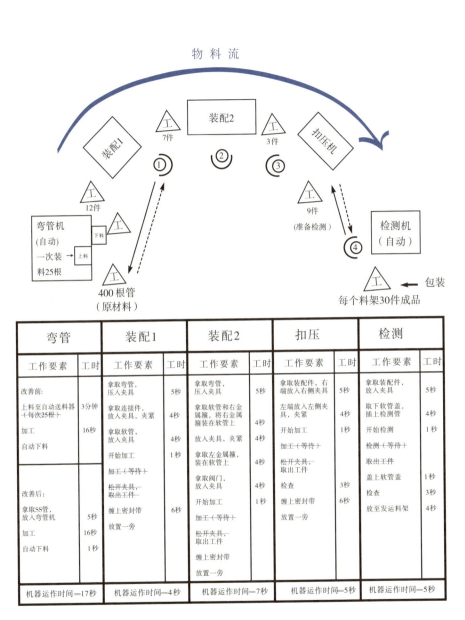

物 料 流

装配1　装配2　扣压机　检测机（自动）

12件　7件　3件　9件（准备检测）

弯管机（自动）一次装料25根　下料　上料

400根管（原材料）　每个料架30件成品　包装

弯管		装配1		装配2		扣压		检测	
工作要素	工时	工作要素	工时	工作要素	工时	工作要素	工时	工作要素	工时
改善前： 上料至自动送料器（每次25根） 加工 自动下料	3分钟 16秒	拿取弯管，压入夹具 拿取连接件，放入夹具，夹紧 拿取软管，放入夹具 开始加工 加工（等待） 松开夹具，取出工件 缠上密封带 放置一旁	5秒 4秒 4秒 1秒 6秒	拿取弯管，压入夹具 拿取软管和右金属箍，将右金属箍装在软管上 放入夹具，夹紧 拿取左金属箍，装在软管上 拿取阀门，放入夹具 开始加工 加工（等待） 松开夹具，取出工件 缠上密封带 放置一旁	5秒 4秒 4秒 4秒 4秒 1秒	拿取装配件，右端放入右侧夹具 左端放入左侧夹具，夹紧 开始加工 加工（等待） 松开夹具，取出工件 检查 缠上密封带 放置一旁	5秒 4秒 1秒 4秒 6秒	拿取装配件，放入夹具 取下软管盖，插上检测管 开始检测 检测（等待） 取出工件 盖上软管盖 检查 放至发运料架	5秒 4秒 1秒 1秒 3秒 4秒
改善后： 拿取SS管，放入弯管机 加工 自动下料	5秒 16秒 1秒								
机器运作时间＝17秒		机器运作时间＝4秒		机器运作时间＝7秒		机器运作时间＝5秒		机器运作时间＝5秒	

Apex 生产单元的工作要素工时

工序分析	工序：S、L、A 输油管装配线						

工序步骤	操作员						
	工作要素	观测计时					
装配1	拿取弯管，压入夹具	6		6	5	5	4
	拿取连接件，放入夹具	4	4	4	3	4	
	拿取软管，放入夹具	4	5	4	4	4	
	开始加工						
	松开夹具，取出加工完的工件	2	2	3	2	2	2
	缠上密封带	8	6	7	6	7	5
装配2	拿取弯管，放入夹具	5	5	4	5	5	
	拿取软管和右金属箍，装配	4	4	5	4	4	
	放入夹具并夹紧	3	4	4	4	4	
	拿取左金属箍，装到软管上	5	4	4	3	4	4
	放入夹具并夹紧	4	4	4	4		
	拿取阀门，放入夹具	5	4	4	4		
	开始加工						
	取出加工完的工件	5	4	4	3	4	

观察者： 玛丽·史密斯				日期/时间： 2000年2月10日　下午3点	页码 1/1

		重复出现的 最短时间	设备加 工时间	备　注
5		5		需要用锤子压入夹具
		4		
		4		操作员负责软管的取料及摆放
		1	4	
		2		
		6		
		5		
		4		工件放置距离远，操作员需走动拿取
		4		
		4		
		4		
		1	7	
		4		是否要进行质量检测？

注意：在检查流程工序分析表时，对工作要素已经作了改进。原先为弯管机装料时，每次装 25 根，现在每次装 1 根。目前，尚无法测量该操作的工时，因为这是新的作业方法，还没有实际实施。因此，我们就只能大胆地估算。由于在其他设备上取料和装料的动作需要 5 秒，故暂把为弯管机装料的时间估计为 5 秒，待实际实施之后，再对该时间进行实际测量。

纸上改善（计划改善）的结果

至此，所有工作要素的工时都被确定下来了，接下来我们来看一下纸上改善的效果。为了使这个过程更加清晰易懂，可以画出第 45 页的图表：左边一列表示改善前的工作要素，每个工作要素用一个方块表示，方块的高度表示工时，把这些方块从下到上排列在刻度表上，这样就可以清楚地看出整个生产过程所花的时间。列出这张表格后，根据以下几点改善原则消除浪费后，就可以得到右列改善后的表格：

●为装配 1、装配 2、扣压和检测的设备增加自动退料功能。（节省了操作员松开夹具、取放工件的时间）

●减少机器加工时操作员守在机器旁等待的时间。

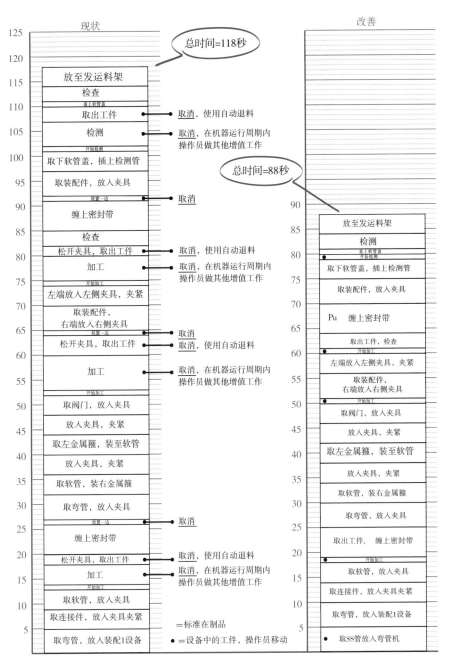

Apex 公司输油管生产线的工作内容的纸上改善

● 为弯管机装料本来属于周期作业外工作，需要操作员停止生产，每次装料 25 根。现在把这项工作改为周期作业，每次上料 1 根。

对比改善前后可以发现，通过纸上改善，原先不必要的动作逐步取消了，这样生产一件产品的周期从 118 秒降到了 88 秒，减少了 30 秒。然而，实际上真正节省的时间还不止 30 秒。因为改善后将操作员停止生产为弯管机装料的工作，转变为周期性作业，这样可以更有效且更容易地达到节拍时间和生产的要求。

从表中还可以看出，生产周期减少了，而增值工作是相同的，相当于在不增加操作员劳动强度的情况下，提高了增值工作的比例。换句话说，在单位时间内，操作员可以创造更多的价值。

第一张操作员平衡表

明确了工作要素和工时以后，Apex 的工程师开始编制一张非常有用的图表，即操作员平衡表（OBC）。这张表描述了在一个节拍内，操作员工作步骤的分配情况。图表中的数据全部来自实际的观察和记录，而且以一种直观、简单、量化的形式表现出来。这样，管理人员、工程师、操作员进行讨论时，就有了事实依据。操作员平衡表可以帮助我们更深入地理解流动的概念，是建立连续流、管理生产单元以及持续改善过程中非常有效的工具。

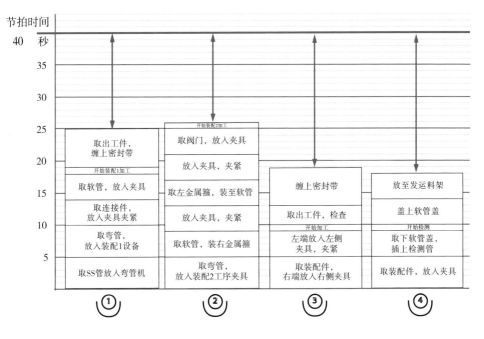

Apex 操作员平衡表——现状

Apex 的节拍时间是 40 秒，于是在操作员平衡表中，时间纵轴的最大值就是 40 秒。同时，每条水平线都代表 1 秒钟。把每名操作员的工作步骤用方块表示排列在图表中（这就是为什么操作员平衡表有时又称为"山积图"），方块的高度表示工时，这样每名操作员的工作情况就一目了然了。注意，在列表时，应该把操作员装卸料的时间包含在内，但不包括机器运转时间，因为操作员平衡表是用来研究操作员作业，而不是机器运作的。

Apex 管理层原本认为，自己设计的生产单元已经非常理想了，但当看到这张操作员平衡表时，他们都惊呆了。因为从表中可以清楚地看到，每名操作员的作业时间都远小于 40 秒，甚至有两名操作员的工时还不到节拍时间的一半。我们在前文中已说到了物料没有连续的流动，产量也相当不稳定，现在又发现这个生产单元的操作人数太多，这些费用都被计入产品的成本，导致产品的竞争力较低，威胁着每个人的工作保障。不过请记住，这里我们要分析的是生产过程，而不是操作员的效率。事实上，我们发现的浪费都源自流程的设计与管理。现在，有了操作员平衡表这样一个好工具，进行改善就容易多了。具体的做法将在本书后续章节中介绍。

第三部分　设备、物料及流程布局

第三部分 设备、物料及流程布局

设备、物料和流程布局

问题五：设备是否满足节拍时间的要求？

需要增加产能时，如何增添设备？

问题六：如何选择合适的自动化水平？

有时二级自动化水平并不能满足要求

没有必要采用更高水平的自动化机器

问题七：如何安排流程布局，以便使连续流更有效？

物料管理准则

设备、物料和流程布局

在生产过程中，人、机、料、法是四大要素，通称"4M"。在本书的前面几个章节中，我们已经确定了"人"的工作要素，测出了工时。现在，可以暂时将其放在一边，把注意力转向设备、工位（机）和物料管理（料），以期创建一个连续流。

问题五：设备是否满足节拍时间的要求?

Apex 生产单元投产之后，管理层要根据 40 秒的节拍时间来核算每台设备能否满足要求，检查一下是否都可以在节拍时间内完成加工。只有每台机器的单件加工时间都远小于节拍时间，才有机会创建真正的连续流。

于是，Apex 管理层和工程师们行动起来，对生产单元内的 5 台机器进行了检查，结果如下：

1）弯管机。每根钢管需要经过弯管机得到最终的形状。弯管机的加工是自动完成的，但上料过程需要操作员来完成。即操作员只需在料斗中放入原材料管，弯管机就可以自动上料、加工，并将弯好的管子退出。由于装料斗一次可以放 25 根原材料管，生产的节拍时间为 40 秒，所以需要操作员大约每 16 分钟装料一次（40 秒 ×25 根＝ 1000 秒 ≈ 16 分钟）。

2）装配 1。此设备的功能是给弯管装上一个连接件和一根橡皮软管。插管和扣压的工作都是设备自动完成的，操作员只负责装料和卸料。

3）装配 2。此工序的加工内容是给输油管装上一根塑料软管、两个金属箍和一个阀门。操作员只负责装卸料，插管和扣压是设备自动完成的。当产品从长管变成短管，这个工序就需要换模。操作员把夹具松开，移到固定位置，放置好。该换模时间为 20 秒，也就是节拍时间的一半。

4）扣压。操作员只负责上下料，设备自动完成输油管左右端接口扣压加工。

5）检测。操作员只负责上下料，设备自动完成输油管检测。

接下来，Apex 管理层画出一张表格，总结出设备加工周期的要素，或者称为每台设备的实际运行周期时间。这里所说的"设备实际运行周期时间"的计算方法是：

设备实际运行周期时间＝设备加工运行时间＋装料和卸料时间（这期间设备没有运行）＋平均换模时间

其中，

平均换模时间＝换模时间／两次换模间生产的工件数量

Apex 生产单元设备的实际运行周期时间

设备	设备加工周期时间	上料、启动加工及下料的时间	平均换模时间	设备实际周期时间
弯管机	16 秒	5 秒	0	21 秒
装配 1	4 秒	16 秒	0	20 秒
装配 2	7 秒	28 秒	1*	36 秒
扣压机	5 秒	12 秒	0	17 秒
检测	5 秒	12 秒	0	17 秒

注：* 这里实际计算值为 0.67 秒。装配 2 工序的换模时间为 20 秒，最小批量是 30 件，因此，平均换模时间的最大计算值为 0.67 秒，故计为 1 秒。

通过设备实际运行周期时间我们发现装配 2 有些问题，装配 2 工序的设备实际运行周期时间是 36 秒，非常接近节拍 40 秒。如果客户需求增加（意味着满足不了节拍时间），或者设备出现了一些故障（比如不能每次都生产出合格品），这里就会变成一个瓶颈。所以，应该考虑改善装配 2 工序操作员上下料的动作，从而使实际周期时间降低。其他设备的周期时间相对较短，不会形成瓶颈。实际上，我们期望在 40 秒的节拍时间内，这些设备都能留有几秒的缓冲时间。

根据经验，在车间操作中，设备总会出现各种各样的问题，同时客户的需求也经常变化，因此，每台设备的实际周期时间不能太长，通常要小于最高产量节拍时间的 80%。这样，才能保证操作员在返回该工位进行下次加工操作时，机器已完成了前次加工，避免操作员等待时间的浪费。而且，一旦客户需求少量增加，产能仍能满足要求，而不用购置新的设备。

如果某台设备的实际周期时间大于节拍的 80%，怎么办呢？可采取下列几种方式来处理：

● 对装料、启动和卸料的过程进行改善。

● 消除设备运行中的浪费，尽量节省时间。如：缩短工件移动距离及时间。

● 将瓶颈工序的任务，分解至多台设备完成，或用几台相对简单的机器同时工作，缩短周期时间。

● 在生产单元中出现瓶颈时，安装两台相同的设备，交替使用。

● 可以考虑建立多个生产单元。如在不同的客户附近，分别建立定拍工序生产单元，来满足不同的需求。

如果以上方法都不适用，那么最后的办法是：

● 将瓶颈工序从生产单元中分离出去，采用批量方式生产。并建立一个超市拉动系统，把这道工序和生产单元连接起来。

需要增加产能时，如何增添设备？

对于 Apex 公司来说，所需的设备都已经齐备，可以很快地改为生产单元来降低成本和提升反应速度。然而，在很多企业的生产单元里，往往存在某台设备阻碍流动，换掉它是最好的选择。甚至在最极端的情况下，因为新的产品和流程，需要新的设备和建立全新的生产单元，那么该如何选择合适的设备以建立连续流？可以参考以下几点指引：

第一个问题是"如何实现产品质量要求"。如果产品质量的技术标准很明确，那么首先要依据这个标准来设计工艺及选择设备。

下一个问题是"期望的产能是多少"。这与设备的周期时间息息相关。在选择设备的时候，可以有两种方案：其一是选择一台复杂的多功能设备，能执行多项任务，可是这样的设备往往周期时间较长；其二是采用一系列的较简单设备，即在较短的周期时间内，可以完成一个或几个加工步骤。一般来说，多功能设备周期时间比较长，其产能会较单一的简单设备低。

当今世界，无论在哪个行业，客户都会不断地对产量及产品式样提出更多的要求。因此，最好选购几台周期时间短的简单设备，为生产单元提供更大的柔性，来应对市场的变化（若每一台设备的上料时间都很长，这种优势也就不复存在了）。

例如，当两台多功能设备的周期时间都已经接近节拍时间的时候（如下页图所示），如果客户的需求增加，仅靠这两台设备就无法满足了。如下页图所示。因此，要增加产能，就只能再增添一台设备，因为在一个流程中，最长的设备加工时间决定了总体产能可以增加的程度。

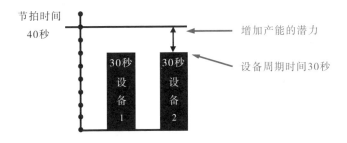

多功能设备缺乏柔性

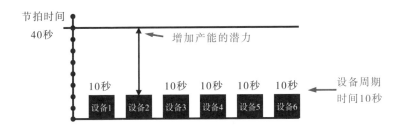

简单富有柔性的设备

设备与操作员的利用率

很多人都误以为要提高生产效率,必须最大化地提升设备的利用率。当我们进行设备产能的分析时,需要重新考虑这种观点的正确性。生产的硬件要素包括人、机器和物料,这三个要素之间相互影响、相互制约。一味提高其中一个要素的利用率,那么其他两个要素的利用率必然会降低。

比如说，如果最大化地提升设备的利用率，尽可能让设备持续高速运转，你就同时需要很多额外的操作员来作业，而且需要很多额外的在制品库存来保证开工，以及处理设备发生故障时的停工。同样，如果为了实现物料利用率的最大化，可能实施零库存。而当客户需求变化，或设备发生故障时，就需要很多额外的操作员和设备来处理情况，以满足客户的需求。

有趣的是，提高人员的利用率，得到的结果是不尽相同的，因为相对于设备、物料，人是灵活的。在生产过程中，如果某台设备制造的产品暂时不是下一个工序所需要的，那么生产这种产品的设备可以停下来（这种情况尤其适合简单的、便宜的设备）。但操作员可以到其他的工位上工作。换句话说，机器是固定的，但人是灵活的。

总而言之，设计具有定拍的单元或生产线，在安排操作员工作内容时，不能简单地考虑设备利用率最大化，更应该考虑的是操作员的效率。虽然有可能造成设备的利用率低甚至某些时候运转出现短暂停顿，但这样可以避免过量生产这一更严重的浪费。

问题六：如何选择合适的自动化水平？

让我们仔细地研究一下自动化如何能有效地帮助连续流。设备自动化能提高生产效率，这是毋庸置疑的，但要点是如何选择合理的自动化来实现连续流。自动化可以协助实现高效、柔性的物料连续流动，但如果设计使用不当，自动化也可能破坏连续流。为了避免这样的问题发生，我们需要物流和人流的相互影响，因此把设备的自动化分为五个等级，列在下表中。注意，表格中三级与四级之间有一条分界线，可作为一个"自动化的分水岭"。

当设备运转时，为了让操作员能空出双手做其他增值的工作，生产单元中的设备至少要具备二级自动化水平。也就是说，操作员只需要完成装卸料的工作，启动设备后，设备可以自动完成加工过程。在这样的自动化水平下，操作员的工作顺序是这样的：

从设备 1 中取出已完成的工件

↓

把待加工的工件装入设备 1

↓

启动设备 1（启动后，设备 1 可以自动完成加工过程）

↓

把加工完成的工件带到设备 2（下道工序）

↓

在设备 2 上重复以上工作

	上料	机器加工	下料	搬运
1	👷	👷	👷	👷
2	👷	自动	👷	👷
3	👷	自动	自动	👷
自动化的分水岭				
4	自动	自动	自动	👷
5	自动	自动	自动	自动

自动化级别

设备自动化的级别

按照这样的模式运作，操作员可以在一个节拍时间内操作多台设备，如下图所示。当第一台机器运行时，操作员可以去操作第二台，而不必守在机器旁。如操作员守在机器旁等待，而不去从事其他工作，这就变成"人为机器工作"。而当操作员启动了机器后去另一台机器操作时，我们称之为"机器为人工作"。

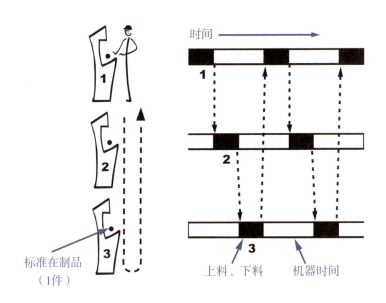

1人多机的操作模式

目前在制造业，操作员守在机器旁等待机器运行的现象很普遍，也造成了很大的浪费。因此，工程师可以设计一种简单的传感器，当加工过程出现问题时，设备可以自动报警或停机。这样，操作员就只需要在真正需要他们的时候过来解决问题。这样的传感器成本并不高，而且远比把操作员困在设备旁造成的浪费要小得多。更何况，操作员对设备的监控并不是100%有效。

连续流要求操作员可以同时负责多台设备的加工。按照前面所述步骤，当操作员取出完成品，装入待加工品，启动机器离开工位之后，机器中正在加工的这一件工件就称为"标准在制品"。这样的作业方式，可以把操作员从守在机器旁等待中解放出来。因此，在生产过程中，管理人员一定要时刻注意"标准在制品"的数量。如果发现在制品的数量变多了，这就说明连续流出现了问题。

注意：设备的安全防范措施是需要加以考虑的重要因素，在连续流生产单元中尤其突出。因为机器运转时无人照看，所以每台机器都必须有足够的安全措施，能够保证操作员在不停轮换过程中的安全。

选用"启动后自动加工"的设备，这样能使操作员有效地移动至下一个增值的工作。"启动后自动加工"表示操作员装料并启动机器后，在机器生产加工周期内，就不再需要人工操作了。如果机器启动后，还必须再完成一次手动操作，那么操作员就会被机器束缚住，需要一直守在机器旁边，这样，等待时间的浪费也就不可避免了。

有时二级自动化水平并不能满足要求

当装料和卸料的动作可以用单手完成时，二级自动化设备是适当的选择。当装卸料的动作需要两只手来完成时，那么，操作员必须按照下面的步骤来操作：

先把待加工品放在一旁

↓

把完成品取出

↓

把取出的完成品放在一旁

↓

拿起待加工品

↓

把待加工品装入设备

↓

启动，让设备自动运行

↓

拿起完成品

↓

把完成品带到下一个工序，并重复以上步骤。

很明显，如果按上述步骤操作，就会产生动作的浪费，因为每个工件都被取放了两次。

Apex 就属于这样的情况。在加工长输油管时，操作员需要用双手来取放工件，所以，Apex 为每台设备安排了一名操作员。

与其要操作员对一根输油管重复取放，不如安排他们将卸下的完成品放在一个斜放的料架上，利用重力使工件滑向下一个工位，然后再拿取下一个待加工件进行装料。事实上，这样的操作，工件还是被取放了两次，只不过是将动作分配给了两名操作员，从而使浪费被巧妙地减少了一些。按照 Apex 管理层的想法，如果操作员一直守在设备旁，只要设备一停下来，操作员就可以马上再进行装料，这样就保持了设备的连续运转。这样做看上去效率很高，但并没有考虑节拍时间，可能导致过量生产的浪费，并破坏了连续流。

只要存在重复取放的问题，定拍工序就需要使用第三级自动化设备，以达到更有效的连续流。第三级自动化水平的设备，可以自动退出完成品，这样，操作员再回到设备旁时，设备就是空的状态，操作员只需要负责上料和启动加工的动作。

自动退出完成品的装置一般不需要很高的精度，所以第三级自动化水平的设备通常都不是很昂贵。退出工件的动力可以来自设备自身，比如，将退料机械臂和设备动力系统相连接，这样，在加工结束后，机械臂就可以自动地把完成品推出，使其落入料箱。（建议不要用额外的动力来退出工件，如压缩空气等，否则不仅会产生很大的噪声，还会耗费能源）。

没有必要采用更高水平的自动化机器

选择自动化设备时，如选择第四或第五级的自动化水平，那么设备的造价及技术要求的复杂程度都会显著增加。上料动作对操作员来说是相对简单的，但如果使用自动化机械来完成，那就需要很精密的控制技术。同样，要完成工件的自动传递，可能需要借助机器人或者传送带。这种设置在理论上非常美妙，但在实际应用中，传送设备的可靠性往往低于70%。此外，一旦客户需求发生变化，这条昂贵的全自动生产线往往就会无用武之地了。如要扩大生产，就需要追加大量的投资来建立另外一条生产线。

经验告诉我们，在连续流的生产单元中，选择第三级自动化水平的设备是合适的：自动化带来的好处都具备了，同时也避免了昂贵的造价、过长的设备采购期、较高的维修养护费用、频繁的停机调试，以及缺乏柔性的生产方式。我们把追求第四或第五级自动化称作"跨越分水岭"，某些情况下你可能需要这样做，但最好三思而后行。

问题七：如何安排流程布局，以便使连续流更有效？

在为一个生产单元做流程布局的时候，不妨尝试这样一种简单的方法：在安排机器、工位和物料供给装置的布置时，不妨先假设单元中只有一名操作员进行作业，完成整件产品。尽管实际上我们永远不会这样操作，但设计一名操作员作业的流程时，自然不存在孤岛作业、工序间库存累积、过多的走动浪费等，这样作业更有效。这样的单元布置，强调操作员的重要性，可以提高效率，并不断创造价值。

虽然这个单元需要的操作员人数还没有计算出来（随着节拍变化，相应的操作员人数也会不同），但可以肯定这样的单元布局是效率最高的。请注意第68~71页两张简单的检查表，针对设备与工位的布置，使得操作员能够在进行每一个工作步骤时，取得最大的效率。很重要的一点，机器之间必须靠近，单元内部的宽度应该保持在1.5米左右，这样，机器往往只有排成一个U形才能满足要求。单元中的设备和工作站越多，排成的U形就会越长。当然，生产单元也会因产品、设备及工艺的不同而有其他的不同布置方式。

注意：有些学者认为，物料在单元内流动的方向应该是从右往左，因为大多数人习惯用右手做事情。这种看法过于绝对，在选择布置方向的时候，还是应该尽量根据实际情况来确定。

单元布局准则

☐ 设备与工位布置尽量紧凑，以缩短操作员的走动距离。

☐ 清理操作员工作路径上的障碍物。

☐ 尽量使生产单元的内部宽度保持在 1.5 米左右，以保证单元内空间可以允许操作员适度地移动。当工作步骤需要调整或重新分配时，也不会受到限制。

☐ 清除任何可能放置多余在制品的空间。

☐ 确定一个合适的工作台高度，以便操作员可以较为轻松地工作。

☐ 将第一道和最后一道工序安排在较近的位置，使操作员在完成最后一道工序的加工后，只需要移动较短的距离，就可以返回第一道工序，开始新工件的加工，这样可以大大提高生产线的节奏感。

□ 避免上下或前后移动工件，保持设备旁边有空位，以便工件保持在一个水平面上进行传递，且距离越短越好。

□ 尽量利用自然重力帮助操作员放置和传递工件。

□ 从天花板上方供给公共设施（水、电……），便于以后调整单元布局。

□ 把手持工具放置在触手可及的地方，并且放置方向正确，以方便操作员取用。

□ 尽量使用专用工具，而不是需要切换的工具。必要时将几种工具组合在一起使用。

□ 确保操作员的安全并符合人体工学。

□ 精益生产是以人为本的，其目的就在于为操作员及增值工作提供必要的支持。从这个角度出发，不符合人体工学的工作必然会产生浪费。

□ 尽量将需要手动操作的工位安排在一起，这样有利于工作分配，提高工作效率。

□ 将第五级自动化设备或者连续作业（例如烤炉）与以操作员为主的作业流程分开，如下图所示：

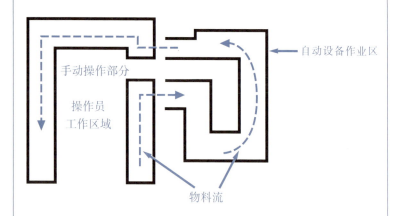

结合高自动化设备的生产单元布局图

注意：当生产单元中采用全自动设备时，一定要尽量保证设备的可靠性。如果自动化设备处于生产单元第一道工序，那么最好将该设备从生产单元中移出，并采用拉动的方式与单元生产相衔接。

选择机器的准则

□ 尽量选用单功能的小型设备，少选用大型多功能设备。

□ 在需要操作员双手取放工件的工序，选用带有自动退料的第三级自动化设备。

□ 采用"启动后自动加工"的设备，即操作员在装料、启动机器后，设备可以自动完成加工。

□ 避免批量生产，使设备在一个节拍时间内，只完成一个工件的加工。

□ 安装传感器监控设备的运行情况。当出现异常时，设备可以自动发出警报信号，甚至自动停机。这样，操作员就无须在机器运行时一直守在旁边监控。

□ 在设计机器时，应充分考虑设备的可维护性，使设备易于保养维护及修理，并在出现异常时可较快被修复。

□ 努力将定拍工序的换模时间缩短至节拍时间之内。

注意：换模时间——从换模前加工完最后一个合格品开始，到换模后加工完第一个合格品结束的时间。

物料管理准则

　　物料管理的准则与生产线布局及设备状况密不可分。在设计输油管生产线时，Apex公司还需要考虑的就是如何为生产线准时准量地供应物料。遵循以下的物料管理准则，生产单元和操作员将会取得更高的效率。

物料管理的准则

　　☐ 物料的放置要尽量靠近随时取用的地点，但不能放在通道上。

　　☐ 将物料放置在操作员旁边，使操作员能双手同时操作。

　　☐ 单元中可能生产不同的产品，必须把不同的物料都尽量放在操作员触手可及的地方，这样可以缩短换线的时间。

　　☐ 存放不同但看起来相似的物料的料架或料筐应该采用防错设计，避免操作员在取用时拿错。

　　☐ 对于无法放在操作员手边的物料，例如体积较大或数量

较多的零件，应增加供料的频率，或根据装配线的需要进行有顺序的配送，以根据定拍工序配合组装需要。例如，以一个发货包装的产品数量为单位，并依此供给物料。（单位制造数量的概念将在问题10中予以讨论）

□ 送料工作应安排专人负责，而不要把搬运工作交由生产单元的操作员来完成。物料的配送应定时（一般以小时为单位）、定量，同时将成品运走。当然，如果仅仅是补充一些小件的常备料，如螺栓、螺母等，那只是操作员在工位上的举手之劳，不必麻烦专职的送料人员。

□ 生产单元内不要存放超过2小时的物料。如果配送不及时，生产单元或生产线将会停工，这会引起生产主管的注意。查明妨碍物料流动的根本原因，并予以彻底解决。

□ 在生产单元内或附近，不要堆放其他物料。这样会造成生产单元或生产线上的操作员难以辨别哪些是属于他们的物料。同时，可能会使操作员去处理生产以外的工作。

□ 利用看板来控制物料的补充，物料人员根据看板的信号来配送物料。如果看板没有发出信号，那么就不要搬运、配送。

□ 放置物料的容器大小，首先要考虑操作员取用的方便，或者是包装成品数量的需要，其次再考虑物料搬运和供应的便利。因为操作员是直接创造价值的，其他人都是为操作员提供服务的。

□ 补充物料时，不能影响员工的正常生产。进行配送前，应先把物料装入小的容器内，然后通过一个斜放的料架滑槽，利用重力自动滑至单元中。操作员在拿取工件后，再把空容器放入反向的滑槽，自动滑出生产单元。这样，物料人员就可以取走空容器，补充新的物料。

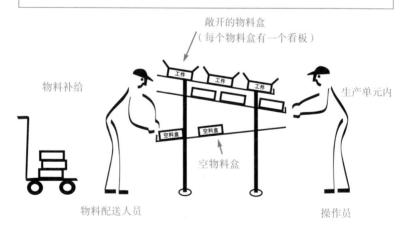

带滑槽的物料架

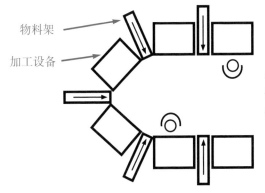

物料架

加工设备

物料架不仅可以放在两设备间，也可以放在工作台上方或者穿过设备

物料架布置俯视图

将以上准则应用于 Apex 生产单元

根据前文所述的准则，逐一对照 Apex 生产单元，可以发现以下问题：

● 设备布局不够紧密，操作员从始至终走动的路径较长。

● 生产单元内部空间较大。

● 第一个工位与最后一个工位相隔较远，如由一名操作员负责，走动的距离较长。

- 设备间有较大的空间，导致堆放在制品库存。

- 弯管机每次都需要先调整一下，才能顺利装料。

- 弯管机的出料斗伸出较长，挡在了操作员的走动路径上。

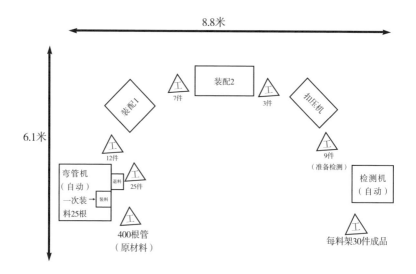

Apex 生产单元现在的布局图（应用准则之前）

占地 580 平方英尺（约合 54 平方米），在制品 56 件

根据前面所述的准则，Apex 重新布置了生产单元，如下图所示。这种新的布局提高了效率，同时节省了占地面积。至此，

生产单元的机器布局都已经安排妥当，接下来需要思考如何将工作要素及员工的操作整合到生产单元内。我们会在后面的章节中讨论。

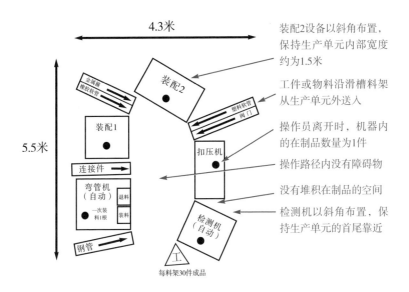

单人单件流合理布局的示例（应用准则后）

占地 252 平方英尺（约合 24 平方米），在制品 5 件

关于大批量生产设备的处理

Apex 之所以能采用这种布局，是因为这些设备每次都是单件加工的。

但某些设备是以高速批量生产的方式加工，如喷漆、热处理、电镀等，往往都必须大批量同时加工。未来你也许会用简单的、单件流的设备来逐步替换这些高速批量的生产设备，但替代之前，我们该如何操作？

● 建立超市拉动系统或 FIFO（先进先出）缓冲库存，将大批量生产的工序从单元中分离出去。

● 当加热、冷却、表面处理等工序，是通过传送带形式加工生产时，可以保留在连续流的内部，只要操作员能够在节拍内完成装料和卸料就可以了。不过需要注意一点：消除不必要的走动浪费。

● 在某些情况下，可以考虑忽略大批量设备的产能，把它当作单件生产的方式来安排生产。但需要核算一下，该设备平均生产一件产品的时间应小于节拍时间。

●在某些情况下，只需对现有设备稍加改动，就可以从大批量生产转变为单件生产，而且改造成本也不高。例如，把手动喷枪排成一列，就可以代替大型传送带式的喷漆生产线了。

第四部分　工作分工

第四部分　工作分工

工作分工

建立连续流的工作进行得很顺利，场地和设备都已经布置妥当，为进一步提高生产率奠定了基础。接下来，要考虑操作员和客户的问题了。

问题八：如何确定操作员人数？

Apex 生产单元各工序总的周期时间，经过纸上改善之后降为 88 秒。要决定合理的操作员人数，应该先把生产周期时间和节拍时间作一下比较，如果生产周期时间小于或等于节拍时间，那么只需要一名操作员就可以满足客户的需求。然而，客户要求 Apex 每 40 秒就生产一根输油管，所以，需要更多的操作员来完成。

生产单元中具体需要几名操作员，不能靠估计或团队成员相互协商的方法来确定。合理的人数应该用下面的公式来计算：

$$\frac{\text{各工序总生产周期时间（纸上改善后）}}{\text{节拍时间}} = \text{操作员人数}$$

对于 Apex 公司，计算结果如下：

$$\frac{88秒（工作量）}{40秒（节拍时间）} = 2.2 人$$

操作员人数不可能出现像 0.2 的小数数据，因此，如果工作方法不能进一步改善的话，目前就需要 3 名操作员来完成工作，才能满足顾客需求。即便是这样，也比目前减少了 1 名。但从另一个角度看，如果用 3 名操作员，只完成 2.2 人的工作量，生产效率有待提高。更何况 2.2 比 2 只多了一点，如能设法进行一些改善，提高操作员的生产效率，那么 2 名操作员就可以满足客户需求。

在计算操作员人数时，下表中的几条准则可作为参考。表中数据的假设前提是：

（1）假定操作员的生产负荷为 90% ~ 95%，也就是说，操作员只需要生产周期时间的 90% ~ 95% 去完成工作；

（2）机器启动后，操作员不用守在机器旁，也不必等待物料；

（3）生产单元是按本书前文所述来布局和管理的。

注意：如果计划的周期时间小于节拍时间的 90%，我们首先要使用节拍时间来计算操作员人数。但必须明白，生产单元还有潜在的效率提升机会。然后你可以使用周期时间而不是节拍时间来重新计算人数，但要清楚周期时间比节拍时间快太多会带来哪些问题。

创建连续流时，管理层、工程师及操作员之间就如何根据节拍时间来安排工作量，应进行良好的沟通，并达成共识。通常，管理层总是倾向于用更少的操作员完成更多的工作，而操作员更希望自己的工作轻松一些。大家不需要每次在建立新单元时重复争论，操作员平衡表提供了工作量情况的准确依据，大家可以很透明地根据事实来讨论。

确定生产单元内操作员人数的准则

纸上改善后的操作员人数计算	准则 / 目标
<0.3	不增加操作员。进一步减少浪费和必要非增值工作
0.3~0.5	仍不增加操作员。经过两周的练习和改善,仔细分析可消除的浪费及必要非增值工作
> 0.5	如有必要可增加一名操作员。通过减少浪费和必要非增值工作,最终取消该名操作员

Apex 的生产单元如何才能实现只用两名操作员的目标呢? Apex 管理层与工程师们开始了艰苦的探索,在 2~4 周的时间里,不停地发现问题,调试生产单元内的各项操作。

刚开始采用两人操作时,单元的产量只能达到目标产量的 65%,似乎必须增加操作员才能解决这个问题。在这最关键的时刻,必须咬牙坚持,因为一旦增加人数,继续改善的压力就会立即消失,随之而来的就是更多的浪费。为了弥补产量不足,可以让生产单元加班生产,增加工作时间,或者在周末生产。同时不停地改善,来满足计划的要求。

经验告诉我们,如果工作团队能基于指导方针,坚持不懈地改善,通常在一周内,产量可达到目标产量的 80%,两周左右可达到 90%。剩下的 10% 就比较具有挑战性了,需要各个部门通力合作与相互支持。然而,一旦达到了目标产量,创建连续流就成功了，并可长期地以低成本运行。更重要的是，连续流的创建为整个企业和组织设立了一个标杆。

操作员生产负荷的选择

当你计算得到的操作员人数，小数点部分大于 0.5，你面对的选择是增加一名操作员，或者是将这份不足 1 人的工作分配给其他的员工。

最广泛使用的方法，是传统的"生产线平衡"（见下页图中 A 方案）。运用这种方法时，每名操作员的工作量是平均分配的，给人的感觉是很公平，但是，这种方法把等待时间的浪费也平均分摊给每个人，从而使浪费不易显露出来。同时，由于工作是平均分配的，每个人都没有达到最大的工作负荷，这样，要消除浪费就变得更加困难，有可能造成过量生产。因此，对于追求精益的生产者来说，这样的生产方式并不是最理想的选择。

一旦采用生产线平衡方式，生产单元运行几天后，操作员就会慢慢出现各自为政的情况，形成孤岛。每个人只按照自己的速度生产，不管其他人工作的情况。工序之间就会产生在制品库存，连续流也就因此中断。管理层可以在每两个操作员之间使用"看板"，从而解决这个问题。操作员只有在接到下游工序的看板时，才进行生产，以保持单件流。但这样形成的"单件流"，并不能消除工序间等待的浪费。因此，在这样的条件下，使用看板系统只是临时措施，而不是根本解决方法。

比较好的解决方法是，尽量使每名操作员的工时都接近节拍时间，满负荷的工作量，那么把剩下的一小部分工作留给一名操作员（如下图中方案 B 所示）。因此，等待时间的浪费都集中在一名操作员身上，比较容易找准目标进行改善，效果也容易体现出来。日后如果通过改善能减少这一小部分工作量，节省一名操作员，那么就可以节省成本。

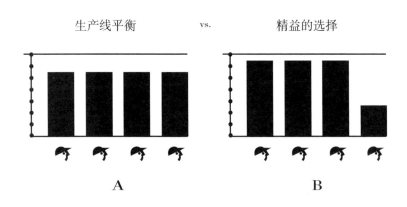

A 选择：把工作量平均分配给每名操作员，这种方法把等待的浪费也平均分摊给了每个人，使每个人都没有发挥最大的工作效率。

B 选择：尽量安排操作员满负荷工作，将剩余的工作集中在一名操作员身上，这样比较容易暴露浪费所在，也更容易实施改进。

问题九：如何分配工作？

Apex 公司决定，在生产单元中采用两名操作员生产，每个人的工时大约为节拍时间的 95%。接下来就需要决定工作怎么分配给两个人。

在一个生产单元里，工作内容有不同的分配方式。管理层及工程师必须对各种可能性进行了解，不仅仅是针对 Apex 生产单元的例子，也有其他未来可能遇到的不同的生产单元。以下是一些参考方法可以适当应用。

分块式：将单元的工序分成若干部分，每名操作员完成其中一部分，每人的工时接近节拍时间，同时可能操作几台不同的机器。

循环式：这种方式不对工作进行分割，每名操作员都必须完成单元内的所有工作，操作员在单元内有间隔地分布在不同工位上。比如，当操作员 1 在工位 1 上作业时，操作员 2 在工位 4 上作业。

逆流式：这种方式类似于前一种，其区别在于操作员的移动方向和物料流方向相反。

混合式：将分块工作与循环操作一起使用。

一站一人式：顾名思义，即每个工位安排一名操作员。

棘轮式：在这种生产方式下，操作员的数量比工位的数量少一个，每名操作员负责两个工位的机器，在一个工位上生产完成以后就到下一个工位，然后再回到前一个工位，这样轮流交替生产，有点类似棘轮的工作原理，因此称为"棘轮式生产"。

以上方法的详细描述如下：

1. 分块式

Apex 生产单元中的机器是按 U 形布置的，操作员能够很容易从单元的一边移动到另一边。在这种情况下，可以采取分块工作的方式来分配工作。在这样的分配方式下，操作员加工的顺序，与产品的加工流程可能不同（分配方式的示意图见下图）。

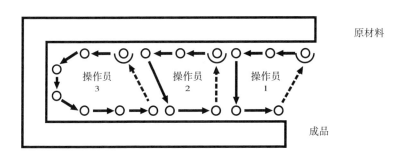

分块操作

每名操作员完成生产单元的一部分工作。

当生产单元经过改善，或客户需求发生变化时，工作步骤随之发生变化，每名操作员的工作必须重新分配。这时，分块工作的优点就体现出来了。因为操作员的工位不需要是连续的，可以相对自由地分配合适的工位，这样更能使操作员的工时接近节拍时间。这些不同的组合之所以可以成功，是因为将手动操作工序与自动化的工序完全分开了。

在安排工作的时候，最好让第一道工序和最后一道工序由同一名操作员负责。这样可以保证生产单元的物料流动，换句话说，当生产单元产出一个成品，同时进入一个原材料。这样整个单元也会流动起来。

2. 循环式

每名操作员都要完成单元内的所有工作。操作员之间相隔几个工位，以保证互不干扰。这样的分配方式具有以下优点：1）可以形成一个自然的生产步调，容易实施；2）可以减少操作员走动的距离，因为操作员完成一个周期性作业，不需要走过许多回头路；操作员轮换不同的工作，使工作更有趣。

然而，循环操作也有局限性：

● 采用这种分配方式，生产单元中最多只能安排两名操作员，否则很难配合生产。如果操作员人数超过两人，应该使用其他方法。

● 如果某个工位的工时占到单元的40%以上，就不应该采用循环式操作，因为操作员都会拥塞在这个工位上。如果采用比较简单、容易装料、单功能的机器，可以取代一个复杂、周期时间长、多功能的机器，你就能把这个高工作量分散到其他的工位上，使得循环操作能够实施。

●这种循环操作的方式，对操作员的操作技能要求较高。每名操作员都需要掌握所有工序的操作方法，同时，要能操作各种设备，并且能充分掌握所有工序的质量验收标准。

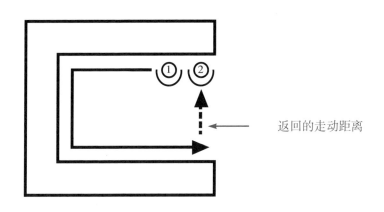

返回的走动距离

循环操作

每名操作员完成所有的工作要素，完成一件产品。

3. 逆流式

如生产单元中的设备不能完成自动退料（三级以下自动化水平），而工件又需要操作员双手取放，那么，采用逆流式是很好的选择。因为增加自动退料功能、改造设备是长期的解决方案，但这需要时间，或要等到下一轮的新产品，才能添置新的设备。在此期间，为了能够即时地采取行动，建立连续流，采用逆流式是一个短期的解决方法。

逆流式一旦试行成功，会形成一个自然的作业次序。操作员走动的方向与物料流的方向相反，从最后一道工序开始，依次向上游移动，最后到达第一道工序。采用这种生产方式，必须在两个工位之间放置一件额外的在制品，这是它的不足，但总体来说还是利大于弊的。

下页图描述了如何在一个有 3 台机器的单元里采用反向循环。

● 操作员的工作从第三台机器前开始。在这里，他卸下完成的零件，放进成品箱中，然后走到第三台和第二台机器之间的在制品暂存位置，取走零件，装入第三台机器进行加工。

● 操作员空手走到第二台机器前。

● 在第二台机器前，操作员卸下完成的零件，放入第二台和第三台机器之间的在制品暂存位置。注意，该处的零件刚刚已经被放到第三台机器中进行加工了。然后，从第一台和第二台机器之间的在制品暂存位置中取一个零件，放入第二台机器进行加工。

● 操作员空手走到第一台机器前。

●在第一台机器前，操作员把完成的零件放入第一台和第二台机器之间的在制品暂存位置。

然后到原料箱中取一件原材料，在第一台机器上加工。

●最后，操作员空手回到第三台机器前，重新开始新的循环。

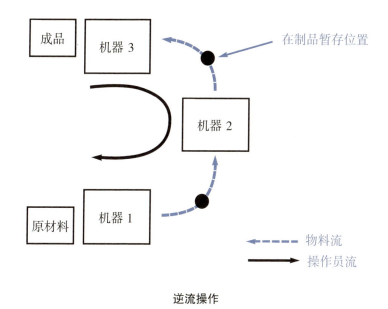

逆流操作

操作者沿着物料流的反方向移动操作。

你或许注意到了，在逆流式操作中，每个工件都要取放两次。这是不必要的浪费。要解决这个问题，只有提高机器的自动化水平，增加自动退料功能。即便如此，在增加投资改进机器的计划还未实施前，逆流式仍然是很好的选择。

4. 混合式

很多单元都采用了混合的工作分配方式，如分块式结合循环式或逆流式，都能得到较好的结果。比如，一名操作员完成指定工位的作业，或完成几个联合起来的工位作业。另两名操作员在单元另一部分，用循环式或逆流式作业。当单元需要两名以上的操作员时，这种方法可以获得类似于循环作业的优势。此外，当这两名操作员的工作包含了第一道和最后一道工作内容时，也能为整个单元提供良好的节奏。

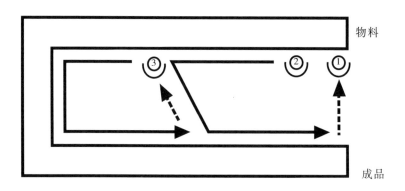

混合操作

5.一站一人式

某些工序仅仅是由操作员手工完成的，而没有自动化设备。在这种情况下，工位数目与操作员人数相等。或者每个工位的两边各有一名操作员，操作员在工位上完成工作后再把零件传给下一工序。

采用这种工作分配方式，很难对每名操作员平均分配工作量，因为很难设计出很柔性的工作组合。在一站一人的工作分配情况下，采用一个传送带来输送零件，有利于连续流的持续。如果不用传送带，很容易退回到批量生产。

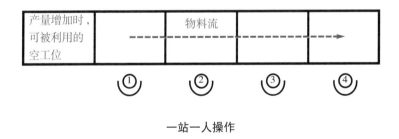

一站一人操作

6.棘轮式

采用这种分配方式，工位的数量比操作员的人数多一个。每名操作员都负责两个工位，相同的节拍内，先在一个工位上生产，完成工作后，再来到另一个工位上生产。除了第一和最后一道工序，其余的工位都由两名操作员交替完成作业。当操作员移至下游工位时，手里拿着工件，返回时空着手。这种工作形式类似棘轮的工作原理，仅单方向进给。

采用这种工作分配方式，要求每个工位的工作量必须平均，以便每名操作员能够在完成了节拍时间50％的工作后，换到下一个工位去作业。

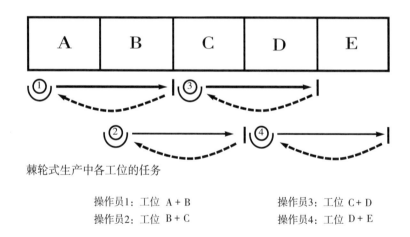

棘轮式生产中各工位的任务

操作员1：工位 A + B　　　　　　操作员3：工位 C + D
操作员2：工位 B + C　　　　　　操作员4：工位 D + E

棘轮操作

例：4 名操作员与 5 个工位

在棘轮式生产中，由于所有的操作员都同时移动，因此容易产生节奏感，这样，生产单元节奏的平衡与否就很容易观察到，有利于工序的持续改善。然而，棘轮式生产的应用也有它的局限性：只有工作要素可以按照节拍时间平均分配给生产单元内的各个工位时，才能发挥作用。一般来说，机器简单，运行周期时间较短，同时又比较容易搬动的，这样的情况下比较容易平衡每个工位的工作。在服装行业中，制造样式复杂的成衣生产就是一个好的例子。

Apex 选择的工作分配方式

了解了这些基本的工作分配方式后，Apex 管理层接下来的工作就是根据实际情况选择一种合适的分配方式。很容易看出，棘轮式不合适，因为整个单元中的工作要素无法平均分配到各台机器。同样，一站一人的方式也不合适，因为单元中所有的机器都可以自动加工，这样操作员就没有必要一直守在机器旁边。另外，这个生产单元的目标人数是两人，因此，没有必要进行混合分配。

这样，Apex 可以选择的方式就只剩下前三种了：分块式、循环式和逆流式。我们倾向于在一个单元内用两名操作员，在节拍时间内完成全部的工序。这样容易维持连续流，同时让操作员完成多项工序，不容易枯燥。因为 Apex 尚未给机器安装自动退料装置，所以最好先采用逆流式，随后尽快改用循环式操作。采用逆流式，操作员需要取放工件两次，增加了一些工作量，因此可能需要一些加班时间。不过，这样同时也加大了改善的压力，促使管理人员尽快安装自动退料装置。

第五部分　满足客户需求

第五部分　满足客户需求

当客户需求波动时，节拍工序如何调整？

问题十：如何下达生产计划？

产量均衡

品种均衡

生产均衡柜

改善发货频率

问题十一：当客户需求变化时，定拍工序应如何调整？

响应客户需求的变化

增加产能

传送带装配线的特征

当客户需求波动时，节拍工序如何调整？

我们已经成功地把人、机、料、法四个要素融入了真正有效的连续流当中，但是我们还需要考虑当客户需求发生变化时，如何调整生产计划，作出快速的响应。

问题十：如何下达生产计划？

到目前为止，我们已经讨论过了在一个生产单元内，产品如何流动，以及物料与操作员如何使得产品的流动更加顺畅。接下来，我们需要与客户一起设计一条有效的信息流。

客户需求不可能一成不变，但要求生产单元随客户的需求每小时改变也不切实际，这样建立的连续流也不能持久，而且还会带来成本上升、质量下降等问题。客户需要的产品型号也不会一成不变。为了满足客户的需要，生产线必须频繁切换，这可能会给供料系统，以及生产效率等带来一些新的挑战。

另一种应对多品种的方法是在两次换线之间大批量生产，这样可以避免频繁换模，但无法对客户需求波动作出快速响应，而且会给供应商或上游工序带来更大的需求波动。我们总是希望能随时提供客户需要的产品，因此在下游的生产单元维持大量的成品库存，与此同时，上游的生产单元也必须保持大量的零部件和在制品库存。两个库存量的总和大大拉长了价值流的产品交付周期时间。

如果在客户需求量小幅度波动时，想要实现连续流或精益价值流，需要在像 Apex 例子中的定拍工序里，实施单元生产，制订合理的产量计划，这种情况我们称之为"产量均衡"。此外，还需要确定更换不同产品之间一个合理的生产批量，这种情况我们称之为"品种均衡"。"产量均衡"和"品种均衡"是生产单元设计过程中非常重要的两个环节。

产量均衡

如果客户需求导致定拍工序的生产长时间大幅度波动，那么生产单元的能力，包括人、机、料，都必须高于一个长期需求的平均值，以满足客户的需求。客户需求量虽然有波峰和波谷，但长期的总需求量是相对稳定的，所以，在客户和定拍工序间建立一个成品超市，既可以实现产量的均衡化，又可以满足客户的需求。通过建立一个超市系统，可以有效地拉动单元生产，其成本将低于一项维持额外产能的投资。

实际生产中，客户仅仅是影响需求的变化因素之一，公司内部作业的不稳定也会造成产量的波动。比如说，机器故障和质量问题、原材料和零件的缺货，都会导致产量及物料需求量的变化。因此，解决方案通常是提高生产单元解决问题的速度，或者是增加在制品与成品的库存。

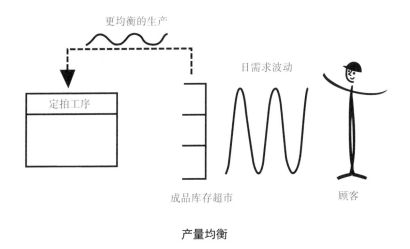

产量均衡

很显然，快速解决问题是较好的方案。不过想要快速解决问题，必须首先能够发现问题。而发现问题的速度与每次下给定拍工序的生产数量有关。举例来说，如生产控制部门以日计划下达生产指令，现场管理人员和操作员往往在一天结束后才会发现问题，但为时已晚，既不能补偿当班产量，也破坏了生产的节奏感。

因此，需要缩小"生产计划窗口"，也就是说，减小每次对定拍工序下达的计划产量。通过缩小管理时段和快速解决问题，就可以实现比较稳定的产量，同时也不需要额外的成品库存来保证客户需求。

在理想情况下，Apex 的生产管理系统每 40 秒钟会向定拍工序下达生产指令，也就是 1 根输油管。同时，物料人员取走 1 根输油管。这是真正意义上的连续流，并且可以在一个节拍时间内"立即"发现生产线上可能发生的问题。

下达生产计划的窗口时间是多少？

- 每次的生产计划产量是多少？

- 多久才会发现产量是否能够满足客户的要求？

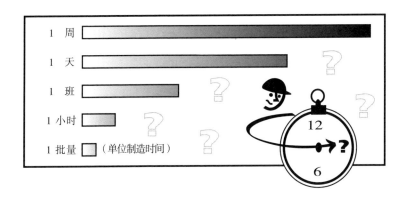

不过，如果真要每隔 40 秒下达一次生产计划，代价实在太大，需要增加很多物料人员。所以，Apex 公司需要一个更切合实际的方法，即"单位制造时间"的概念。所谓单位制造时间，就是节拍时间乘以单位生产数量。通常这个单位生产数量指的是，一个成品包装箱内的产品件数。因此，单位制造时间就是生产一箱产品所需的时间。按照这个窗口时间来下达生产计划的话，可行性更强。

在 Apex 公司，一个成品包装箱的容量是 30 件，因此，Apex 公司的单位制造时间为：

单位制造时间 =30 件 / 箱 ×40 秒（节拍时间）=1200 秒 或 20 分钟

这就是说，Apex 公司下达生产计划的窗口时间是 20 分钟。

这是该生产单元定拍工序的节奏。每隔20分钟安排一名物料员来到生产单元一次，取走30件成品，同时下达下一个20分钟的生产指令。通过这种"定拍提取"，如果出现问题，那么Apex管理层就可以在20分钟内得知。

通过问题快速反应的机制，就可以尽快改正，使生产恢复正常，同时也可以避免不必要的加班，Apex管理层可以有效地应用单位制造时间来管理生产：

（1）明确目标，即在20分钟内生产30件产品；

（2）每20分钟，有规律地检查进度，发现异常；

（3）一旦发现异常情况，立即着手解决。

由于操作员的工作周期时间已经非常接近节拍时间，所以没有多余的时间来解决问题。因此，班组长就应该时常走进生产线，发现并帮助员工解决问题，必要时还要代替操作员担任生产工作，让操作员处理类似返修的问题。当换模时间较短时，用单位制造时间来管理生产最为切实可行。在理想情况下，换模所需的时间最好小于一个节拍时间。工程师需要通过设备、夹具的设计来实现快速换模的目标。对Apex公司来说，换模时间为20秒，因此没有问题。如果换模时间比节拍时间长很多的话，可能要用好几个单位制造时间的总和来换模，因此每换一次模，就可能损失一些产量。

单位制造时间的长短可以灵活调整，你可以根据贵工厂的实际情况来定。在生产单元建立初期，单位制造时间可以长一点，待定拍工序生产状况稳定之后，再逐渐将其变短。

注意：单位制造时间旨在协助快速发现问题，并非要增加操作员的工作量。

品种均衡

客户的需求经常发生变化。在一个生产单元里，生产较大批量的产品，将很难满足客户对多品种产品短交期的需求，除非存有大量的成品库存。此外，每生产一种较大批量的产品时，价值流中的上游工序就必须准备相应的原材料和配件，这样会造成更多的库存。为了缩小生产批量、减小不稳定的波动以及上游的库存，需要在生产单元中采用品种均衡的方法来满足客户对多品种产品的需求。

这里可以用 EPE（every-part-every-interval）来衡量批量大

小。EPE 代表每循环生产一次主要产品所需的时间。例如，1 天能够生产所有的主要产品一次，那么 EPE 就是 1 天。

在定拍工序，合适的 EPE 最好为 1 天，或者与成品发货间隔一致，取两者中最小的为好。Apex 公司每 8 小时发货 2 次，每次包含 3 种型号的输油管，即 Apex 公司这个生产单元的 EPE 就是 4 小时。同时也可以计算出每班次需要换模 6 次。

生产均衡柜

为了实现产量均衡与品种均衡，可以借助一种实用的工具，即生产均衡柜。这种工具制作非常简单，由几块木板拼成一个箱子，其中有数排空格子，每个空格子都可以放下一张看板卡片。一横排格子对应一种产品，因此有多少种产品就有多少排格子。每一列对应着一段单位制造时间。

在 Apex 公司，生产均衡柜有 3 排 23 列空格，每一横排分别对应 S、L 和 A 三种产品；每一列代表 20 分钟的单位制造时间，由于 8 小时正好有 23 个 20 分钟，因此 23 列空格正好代表 8 小时的生产计划（如下页图所示）。另外，在生产单元的成品超市中，每个装成品的盒子里都有一张看板卡片，上面标示着以下信息：

●产品型号（S、L、A）。

●这个盒子的容量（30件）。

●成品超市的储位。

●生产单元的位置。

当生产计划人员依客户需求从成品超市提货时，同时拿出盒子里的看板卡片，放入生产均衡柜相对应的格子中，每个格子放一张看板（如图所示）。这样下一个4小时运货需要的生产计划就已经排好了。接下来，物料员每隔20分钟取出相应的看板卡片，交给生产单元的操作员，让他们按照看板生产。

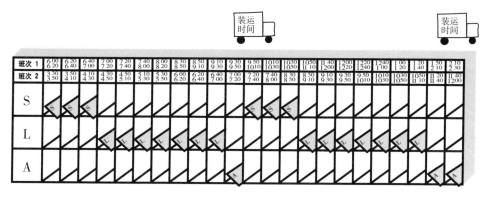

Apex 的生产均衡柜

注：生产均衡柜的详细原理和使用方法，参考同系列工具书《均衡生产》

改善发货频率

在许多工厂，客户要求每天发货一次，甚至一天发货几次。对于工厂来说，这其实并不是坏事，相当于在定拍工序建立了一个"计时钟"来制造压力，促使工厂能够生产所有主要的产品，保证交货。如果所有工序的EPE（包括定拍工序和上游的制造）都与发货频率一致，那么，整个价值流就可以顺畅地流动。这样的工厂，想不赚钱都难，因为在支付材料款之前产品会变成现金源源不断地流回来。

如果你的客户并不要求频繁地送货，或者增加发货的频率，这对工厂的压力就比较小。因此，要不断地增加发货频率，这对你和你的客户来说都是很有价值的改善机会。

按订单生产的企业怎样均衡生产？

按订单生产的方式，比如接受客户订制，到仓库提货，乃至行政管理的作业流程等，往往被误认为不能采用连续流，或是很难做到生产均衡，因为不同客户的订单所涉及的工作内容波动很大。

事实上，我们也可以在"按订单制造"的过程中采用一些连续流的原则。

主要的方法是应用先进先出（FIFO），并且严格地控制每一个步骤的产量。

与其按客户的订单不定期地安排生产，不如用一个标准时间间隔，来向上游工序发出订单，这个时间我们称之为"单位制造时间（pitch）"。先找出按订单生产过程中的瓶颈工序，按照该工序的产能，将客户的订单分解为许多与单位制造时间相同的时间段，因此，瓶颈的工序直接与单位制造时间挂钩。

经过这些改进，阻碍流动的这些异常问题会很快暴露出来，生产的流动会变得顺畅。

问题十一：当客户需求变化时，定拍工序应如何调整？

到此，本书已经花了很大的篇幅来调整 Apex 公司的输油管生产线，尽量把人、机、料、法四大要素连贯起来，让它们发挥最大的功效。这些工作都完成后，实施过程中还要不断地进行改善（在第六部分中会有更多的解释），做到持之以恒！

不过，在创建连续流的过程中，想要一劳永逸是不可能的。原因有两点：第一，改善本身就是一项永无休止的活动；第二，客户的需求也在不断地变化。特别是客户需求量的改变，在设计定拍工序时，就要考虑进去，而且能够时刻作出适当的调整。

响应客户需求的变化

许多工厂都能应对客户每天的需求波动。从一年的发货记录看，客户需求量在一定时间内是相对稳定的。只不过是今天多一点，明天少一点，一段时间内大致趋于平衡。在这种情况下，建立一个成品超市系统，是最好的解决方法。超市可以让生产线保持一定的节拍时间，以及一定的操作员人数，以连续流的方式进行生产。

但是，有时客户的平均需求会有一定程度的变化，定拍工序不得不应对这些改变。如果需求量下降太大，却保持操作员人数不变，那么生产效率就会降低，同时也可能造成过量生产。如果需求量增大，节拍时间就需要减少，那么你需要增加设备和操作工的人数来保证节拍需求。

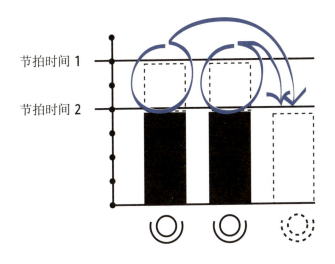

对需求量增大的响应

为了应对客户需求量的变化，需要相应地增减操作员人数，这种情况下 U 形的生产单元布局非常有效。U 形布局便于操作员移动路线的选择，易于调整工作任务。

工程师设计生产单元的时候，除了制定标准作业人数的方案之外，还必须考虑增加一名操作员或减少一名操作员，两种不同的方案，我们称为"生产换挡"。由于事先设计了多种方案，因此当需求发生变化时，只需要切换到相应的"挡位"就可以了。

下表列出了 18 个月内，Apex 公司季度客户需求，生产单元操作员人数以及人均生产率的数据。

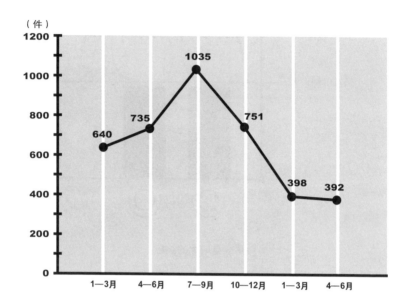

（件）

Apex 公司每班的客户需求

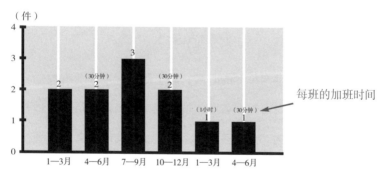

（件）

每班的加班时间

Apex 公司生产单元的操作员人数

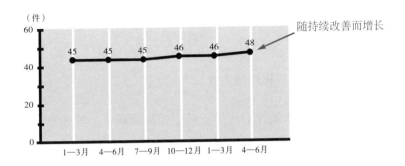

（件）

随持续改善而增长

Apex 公司每名操作员每小时的产量

注意：当客户需求量和操作员人数不断变化时，生产单元内的人均生产率如果能维持稳定，这是很难得的成就。配合一个真正的连续流，就可以形成一个精益的定拍工序，我们称这个成就为"劳动力线性化"。换句话说，在生产单元处于不同"挡位"、不同的人数时，每名操作员的作业都能维持在相应的节拍时间内。

Apex 公司面临客户需求变化时，根据变化的大小，有下列三种应对方法：

- 当客户的需求有小量的波动时，采用库存超市。

- 实行加班。生产尽量不要满负荷运转，否则很难使用加班进行调节。少量的加班要比增加人数提早下班好，因为前者的生产效率会比较高。

- 调整生产单元操作员人数。

上述三种方法的先后次序反映了使用的频率。较理想的解决方法是，通过加班或建立成品超市，来解决客户需求的变化。依据我们的经验，执行"生产换挡"的间隔，最少是 1 周，我们建议是 2 周至 1 个月。当你开始建立或重新设计生产单元时，如 Apex 生产单元，应当先将节拍时间设置得较长一些，并保持 3 个月。给自己一些时间，去改进这个生产过程，并形成一套自己的过程管理方式。

注意： 当生产单元"换挡"时，改变节拍时间相当困难。因为改变工作分配的同时，还要重新安排操作员，所以很多精益企业试图在一定时期内，保持一个固定的节拍时间。如丰田汽车公司，通常 1 个月才会重新计算一次总装线的生产节拍。

增加产能

当前情况下，要想增加产能，可能需要更多的操作员，以及增添设备。不过好在精益生产单元中的机器一般都相对简单、轻便、便宜，因此，当客户需求增长的时候能够很快地作出反应。一般来说，如果只需要增加一台机器就能上一个台阶，这种方式的产能提升称为"机器产能提升"。如果产能还是不足，那么可以调动其他的生产线，必要时添置一些机器。如果这样做还是不足，那么就只能再建立一个新的生产单元了，这种提高产能的方式称为"单元产能提升"。无论是机器产能提升，还是单元产能提升，都需要调整操作员人数、增加投资，以及拉长交付周期时间。因此，在做出提升产能的决定之前，一定要三思而后行。首先要确保机器的可靠性，同时尽量对生产单元进行改善，查找问题并解决问题，到了实在很难进一步改善的时候，才考虑提升产能的对策。

传送带装配线的特征

通常，生产单元中的物料是通过操作员来实现移动（尽管生产单元中有一段是应用传送带）。还有另外一种选择是，很多的定拍工序，也会通过传送带来运送物料。

由于物料体积较大，或某种特殊的包装要求，物料需要通过传送带运送至各个工位。传送带的工位，一般来说大小相同，操作员往往在传送带的一侧工作。这种方式与生产单元有许多相同之处，因此在进行设计、维护与改善的时候，前面章节所讨论的工具同样适用，如操作员平衡表、节拍时间等。

当客户需求发生变化时，流水线与生产单元相比，有其不足之处，因为无法灵活地调配操作员来调节产量。事实上，流水线也不是完全没有办法应对。

比如说，为了实现产量减半，可以将传送带速度减半，同时将一个工位一名操作员改为两个工位一名操作员，或者一名操作员负责两台设备。换一种方式，可以在传送带的一侧预设一些空的工位，当客户需求增加时，就可以增添操作员，扩大产量。但由于增加了操作员人数，所以必须重新调整工作分配。

第六部分　实施连续流，日常维持及改善

实施、维持及改善

本书以 Apex 公司为例，通过 11 个问题，介绍了在定拍工序建立连续流的过程。Apex 公司的生产单元，目标是安排两名操作员完成工作。然而，这两名操作员的实际工作量超过了节拍时间。这是正常的，因为仅仅通过纸上改善，无法消除所有的浪费。所以，我们必须到现场，去实施现场改善。

在现场进行的改善工作，可以称为"单元实施"。在本书的最后一部分，我们计划在输油管生产单元实施改善，同时，对夹具、供料以及其他虽然不增加价值，但又是必须做的，形成日常的程序，不断地改善。这些努力将使生产过程的设计更有效，并转变为正常生产单元运作。

任何方案都不可能只通过纸上工作就尽善尽美，连续流也一样。真正实施的时候，肯定会发现许多当初没有料想到的问题，以及很多不必要的浪费。这能提供机会，使每名操作员都参与到实施改进的过程中。摆在团队面前的问题是："我们应该怎么做，才能成功？"

俗话说得好，万事开头难。刚开始实行第一个连续流单元时，肯定会碰到许多阻力，但这是非常重要的过程。一旦建立自己的连续流，各种疑虑便会不攻自破。而且，原来持怀疑态度的人看到这些成果，也会开始参与，共同努力将连续流推广到全工厂。因此，在建立第一个连续流单元时，就要尽最大的努力把它做好，然后把经验推广到其他生产线。

实施计划

在你开始实施过程之前，必须有一个实施计划，以供日后随时检查进度，是否真正达成目标，或还需要哪些改进工作。

实施计划可包含以下内容：背景、现状、改进后的状况、实施的时间表，以及一个可以记录目标与结果的数据表。（详见第 126~127 页图）

制订计划的目的不是写出长篇大论的文件，而是要制订一个行动计划，让每个人都能够理解，并且动手去做。因此，改进计划的形式要简单、清晰、易懂。建议把这个计划写在一张 A3 纸上，并由你自己用铅笔动手写出来，这样你才能更详细地了解这个计划。

与常规的思维相反，实施计划的重点不在计划本身，而是要用这个计划定时地检查进度，并且解决问题。唯有如此才能发现项目是否顺利地执行。让我们做一个总结，管理层必须：

（1）明确目的和目标。

（2）定期检查项目执行的进度，以便及早发现问题（Apex 公司每 30 天检查一次进展情况）。

（3）一旦发现问题，必须尽快解决。

像单位制造时间那样，你可以用这个概念来管理实施计划，定期检查项目的进度。

Apex公司创建连续流项目
卡车输油管定拍工序生产单元

1) 背景/业务案例

　　产品：S/L/A油管

　　位置：Anytown

　　需求：

　　• 顾客要求成本降低5%

　　• 提高生产效率

务必将改善计划与
业务目标联系起来

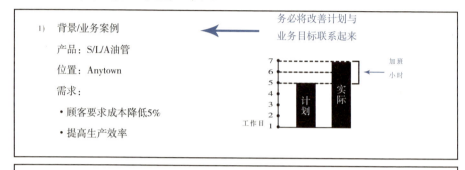

2) 现状

　　• 物料未连续流动

　　• 操作员未流动（每名操作员守在一台设备前）

　　• 产量不稳定

　　• 加班过多

　　• 不能按节拍时间进行生产

　　• 操作员人数超过需求

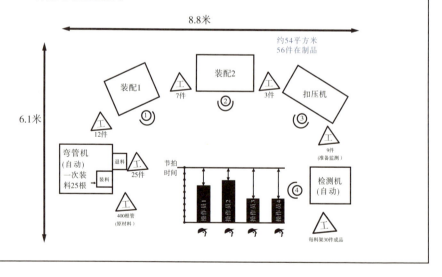

3) 改进目标

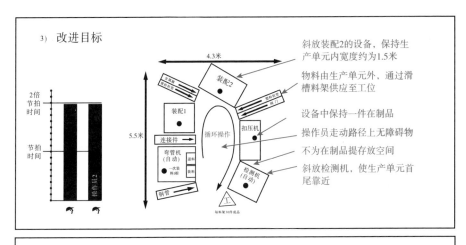

4) 执行

序号	任务	标准	负责人	指标	3月		4月		5月		6月	评审	评审
1	基础培训				○△							○	
2	试运行				○ △							○	
3	增加自动退料功能					○	◇	△					△
4	重新布置单元					○	△					○	
5	标准化作业培训					○	△					○	
6	物料人员培训					○	△						△
7	调试					○		?					
8	成品超市系统					○	△						
9	生产看板						○	△					
10	正式运作							○	△				
11	生产均衡柜								○				

○ 计划开始时间　　△ 计划完成时间　　　　○ 达到目标　　✕ 出现问题
● 实际开始时间　　▲ 实际完成时间　　　　△ 落后目标
　（计划／跟踪）　　◇ 评审

5)

	每小时产量	在制品	占地面积	单位成本
当前	20件	56件	53.9平方米	8.27美元
目标	40件	5件	23.4平方米	7.27美元

务必写出目标值
以便对改善成果
进行追踪

实施连续流

改进计划完成后，就可以开始实施改进了。通常，连续流由管理层、工程师以及操作员组成的小组共同完成。单元的设计草案完成后，操作员应尽快参与。

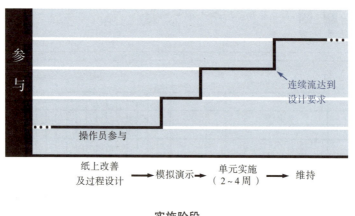

实施阶段

第一阶段：初步设计

连续流的初步设计主要应该由管理人员及工程师负责，不是由下而上的，即由一个小的团队来制定最初的设计。道理很简单：如果把一大群人聚在一起，讨论"我们应该怎样进行改善"，这样的会议最终什么都讨论不出来。

专门小组包括管理人员、工程师及经验丰富的操作员。依照本书中介绍的方法，根据测量出的数据来制订一个符合现场需求的方案。如果只是坐在办公室里，用标准时间以及用电脑来进行设计，将会远离现实，无法成功。

操作员凭什么信任由这个小组来做这个单元的设计？因为他们知道，依据数据作出设计后，他们在 2~4 周的单元实施阶段，可以有很多机会做各种不同的改进，或使单元的设计做重大的改变。

第二阶段：模拟演示

在建立连续流的过程中，初步设计以及操作员平衡表是建立连续流的理论基础。这个时候，应该邀请有经验的操作员来参与。管理层向操作员介绍连续流的概念和设计，以及试验的经过，同时征求他们的建议。最好是从单元的布局和操作员平衡表开始，以及想达到的目标。通常大家会进行一次非正式的生产模拟演示，评估这个生产单元的流程设计。

模拟演示包括实际的操作流程，以及每名操作员的标准作业表（SWC）。标准作业表形式多种多样，我们建议像实施计划

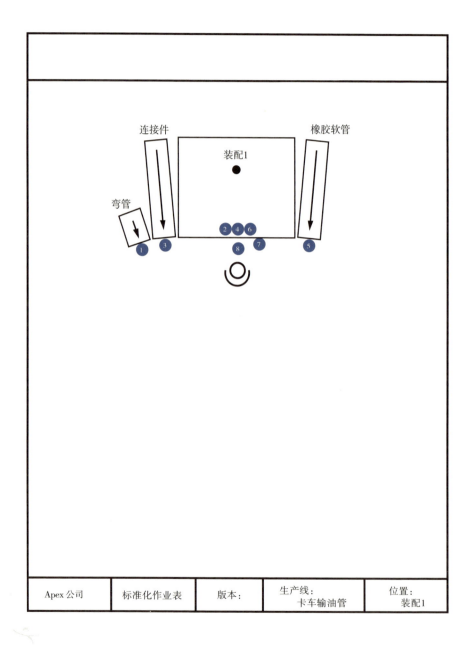

| Apex 公司 | 标准化作业表 | 版本： | 生产线：
卡车输油管 | 位置：
装配1 |

工位 装配1		工作步骤		节拍时间 40秒		
No.	工作步骤		时间	备注		
1	拿取弯管		>5			
2	压入夹具					
3	拿取连接件		>4			
4	放入夹具，夹紧					
5	拿取软管		>4			
6	放入夹具			旋转20°		
7	开始加工		1			
8	拿取成品，缠上密封带		6			
	总时间		20			

		改进建议		换班检查		
				1	2	3

工作单 ：	班组长：_____ 换线：_____	生产主管：_____ 操作员：_____

一样使用 A3 纸。标准作业表应该包括每个工位按顺序的作业流程，以及每一步骤所需要的时间，以及其他要点，如质量的检测、重要的调试。举例来说，在 Apex 公司的标准作业表上，操作要领是这样写的："把油管放入夹具，旋转 20 度，使之固定"。Apex 的标准作业表可以参考第 130~131 页的示范。

标准作业表通常用于培训员工如何正确地操作及检查操作是否符合标准要求，为持续改善提供基础。除此之外，标准作业表还包括工位的布局图和操作员的移动路径图，以方便大家对该工位更好地理解，从而提出改善的建议。标准作业表应该用铅笔绘制，不要用电脑打印，否则容易让人觉得这个任务已经被上级决定，不再需要改善了。

模拟演示的目的，是要向操作员介绍单元的设计，在正式投产之前找出改进的机会。在这个阶段，应避免制作供料的设施，以及固定型的工站，这将阻碍今后做更多的调整。在这个阶段，应尽可能多尝试改进，鼓励采取快速并且实用的解决方法。例如，装工件的容器放置得太低，可找人将它抬高，或者垫上几块砖，以达到一个合适的高度。

第三阶段：单元调试

对一个已经投产的单元来说，模拟演示大约只需要 1 天时间，如果是一个全新的生产流程则要更长一些。把模拟演示中取得改善建议融入你即将准备建立的单元后，就可以通过 2~4 周的时间来调试了。

毋庸置疑，单元调试是实施连续流的最重要步骤。此时，生产单元开始运作，并且已经能够达到原先设计的要求。在调试阶段，每小时的客户需求数量已经引入进来。生产单元配置正确数量的操作员，生产主管、设备维护人员和工程师也必须每班到生产单元中对其进行现场观察，以发现任何可以改善的机会。调试的时候，务必用已经设计好的系统来支援和管理单元生产。

当设备到位后，就可以启用这个单元从事生产了。先不管用操作员平衡表分析出来的操作员人数，在最初的 2 小时，最好让一名操作员来负责单元内所有的工作。请他对单元的设计提出意见，将意见记录在标准作业表上。这个做法的目的是，可以清楚地看到整个作业的流程，帮助找出改进的方法。若一开始就安排多名操作员在单元内进行生产，就不容易观察了。

单人操作结束之后，在生产单元中按照标准作业的要求，采用两名操作员循环进行生产。最后，再根据操作员平衡表中所要求的人员编制及工作分配，来进行单元生产运作。需要确认的一点就是，生产单元内的每名操作员都有机会实际操练过。在这个阶段，先不要担心能不能达到节拍时间的要求。在操作员生产的同时，管理人员和工程师们也不能闲着，必须近距离地观察操作员的作业，尽量寻找可以改进的机会，并将之记录在标准作业表中。鼓励操作员提出改善的建议，并当天采取行动，同时更新标准作业表。

仔细观察某一工序的操作员的动作后，我们会发现，所有的工作动作可以分为三种类型：增值工作、必要非增值工作以及浪费。浪费需要消除。必要非增值工作是指生产中不可避免，但不一定能为顾客增值的动作。譬如取放零件和工具，或将螺母拧到螺栓上等。必要非增值工作不可避免，但是应该尽量减少。比如，缩短螺栓的长度，就可以减少拧螺母的动作；将零件和工具尽可能靠近，让操作员取放更方便等。

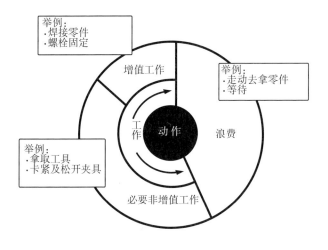

举例：
·焊接零件
·螺栓固定

增值工作

举例：
·走动去拿零件
·等待

工作 动作 浪费

举例：
·拿取工具
·卡紧及松开夹具

必要非增值工作

工作动作的类别

在单元调试阶段，应该记住下面几点：

●尽可能缩短从构想到实施的时间。最好根据实际经验，而不是听信他人的判断，来评估任何改变。一旦改善被实施了，大家应该把注意力集中在如何使它成功上。

●在运行初始阶段，工程师和设备维护人员必须参与到新的流程中来，直到能够达到设计的标准。当生产单元能够稳定地按照要求生产时，调试阶段可以告一段落。

●调试阶段一般只允许 2~4 周，因此必须尽快达到顾客的需求量。如果是对现有生产线进行改善，必须提前做好计划，准备足够的库存，以备在建立连续流期间能够满足顾客的需求。

●调试期间甚至调试后较长的一段时间内，尽可能不要改变节拍时间。在一个新的生产单元里，要想达成稳定持续的运作，需要一段时间来熟悉各种不同的要求。

●在调试的第一天，能够达到计划的60%~65%就很不错了。一般来说，一周之后应该能够达到80%，两周可以达到90%。

●生产单元成功与否，每个人都有责任。如果不能达到生产的目标，整个团队必须一起努力，共同解决问题。

●尽快将想法实践出来，不要把问题拖到第二天。

●操作员平衡表和标准作业表必须及时更新，并且应该由班组长或生产主管负责。

●人通常会守旧，习惯原来的做法，所以，当新生产单元建立后需要一段过渡期，一般来说需要3周左右的时间，员工才能适应。当员工出现抵触情绪时，要让大家了解实施连续流的重要性及必要性，不能走回头路。然而，如何实施连续流的步骤可以有不同选择，这需要所有参与者集思广益。

●记录下里程碑事件，证明我们是取得了一定成绩的。当第一次达到每小时产量目标时，那么接下来 2 小时应予以保持。当第一次达到每日产量目标时，抓住机会同团队一起庆祝一下。

●在调试阶段接近尾声时，应认真地重新列出工作步骤，并重新测量工时。这项工作应在设计生产单元的工程师指导下，由班组长和生产主管负责。这一步非常重要，绝不能跳过不做。

调试检查清单

调试阶段，生产单元设计团队和生产主管应经常到现场观察每一班的生产情况，注意以下检查表中所提到的要点：

☐ 生产单元中是否实行了单件流？操作员是否"做完一件，移动一件"，不存在等待？部件是如何组装的？

☐ 操作员是否是遵照标准作业表与操作员平衡表来进行的？如果不是，找出原因，是否有更好的操作方法？正确的方法是什么？

☐ 班组长和生产主管是否清楚他们的职责？

□ 生产信息是否流动？操作员、班组长和生产主管是否知道：

—节拍时间？

—接下来要生产的产品是什么？

—需要生产多少件？

—已经生产了多少件？

—发生了什么问题？

—换模的时间是否按计划进行？

—换模时间是否太长？

□ 配送的物料和部件数量是否准确？料架与容器的大小是否合适？装载的物料是否过多？还是不足？

□ 供应物料的料架或滑槽的位置是否正确，操作员是否方便取放？配送的零件是如何摆放的？操作员如何取放？

□ 生产单元是否配置了最小量的设备与库存？在制品库存是否保持要求的水平？工位之间是否有过多的在制品（例如：当两名操作员传递零件时，两工位间保持一件标准在制品库存，为调节生产中的变化做准备）？生产现场是否有过多的物料库存?

　　☐ 生产单元是否配置了最小量的设备来生产这种产品？物料／部件的移动距离是否最短？比如：单元中有一张工作台仅仅是给某一类产品用的，为什么不考虑移开？如果一台机器的工作台只需要30厘米宽，为什么整体的尺寸是90厘米？

　　☐ 不同产品的换模时间是否小于节拍时间？

　　☐ 生产单元能否缩短产品的交付周期时间？

　　调试过程中，通常使用生产管理板来追踪产量是否满足顾客需求。每班生产前，生产主管应将每小时的生产任务写在管理板上，包括产品种类和数量。其目的不是生产计划，而是便于管理生产中的问题，引起大家的快速反应和解决。如果未能达到预期目标，班组长应针对问题查找原因，在找到根本原因之前，需要采取一定的临时措施恢复生产。当根本原因确定之后，采取措施以确保问题不再发生。生产主管应当每小时检查管理板并签字确认。

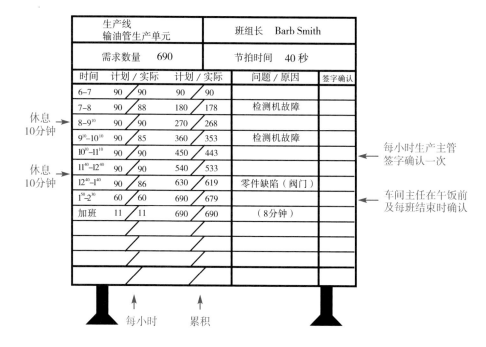

生产线 输油管生产单元				班组长　　Barb Smith	
需求数量　　690				节拍时间　　40 秒	
时间	计划 / 实际		计划 / 实际	问题 / 原因	签字确认
6–7	90 / 90		90 / 90		
7–8	90 / 88		180 / 178	检测机故障	
8–9^{10}	90 / 90		270 / 268		
9^{10}–10^{10}	90 / 85		360 / 353	检测机故障	
10^{10}–11^{10}	90 / 90		450 / 443		
11^{40}–12^{40}	90 / 90		540 / 533		
12^{40}–1^{40}	90 / 86		630 / 619	零件缺陷（阀门）	
1^{40}–2^{30}	60 / 60		690 / 679		
加班	11 / 11		690 / 690	（8分钟）	

休息
10分钟

休息
10分钟

每小时生产主管
签字确认一次

车间主任在午饭前
及每班结束时确认

每小时　　累积

　　将未能满足节拍时间的问题一个个地找出来，确定根本原因并彻底消灭。在这个阶段，最重要的是持续改善。要想真正解决问题，班组长需要一个支援小组协助解决问题。否则，班组长只能每天重复地将同样的问题写上去，这样管理板也就形同虚设了。

Apex 公司的调试结果

Apex 公司的改善目标是将操作员人数从 2.2 降到 2 人，同时将工作负荷降到节拍时间的 95%。按照这个目标，输油管生产线目前的工作量需要从 88 秒降到 76 秒。经过观察，改善小组提出了许多建议，他们找到一些在必要非增值工作上可以改进的机会。

● 重新布置不锈钢管的进料滑槽，使之靠近弯管机的进料口，这样节省了 2 秒钟。

● 弯管机的出料口经过重新布局后，使自动退出的工件能滑到装配 1，这样又节省了 2 秒钟。

● 因为加装了自动退料功能后，Apex 公司可以在生产单元中将反向循环改为正向循环。接着就需要更新标准作业表和操作员平衡表，以及适当的调试，使每名操作员的动作节拍顺畅自然。

● 由于装配 2 工位需要多种不同的零件，因此，设计团队应特别考虑物料摆放与补料方式。

● 装配 2 工位的夹具经过改良后，使得每个零件装夹的时间各缩短 1 秒，总共节省了 2 秒。

● 操作员把左金属箍装至软管后，右手拿取右金属箍，同时，左手拿取阀门，分别放入夹具，这样使装配时间缩短了 2 秒钟。

● 在包装工位，调整成品箱高度与角度，使其朝向操作员，便于操作，这样又节省 1 秒钟。

经过以上改善，整个生产周期缩短了 9 秒钟。重新布置了弯管机送料滑槽后，测定了操作员在生产单元中走动的时间为 6 秒。整个作业时间是 88 秒＋6 秒＝94 秒，而我们的目标是 76 秒，上述改善工作使整个作业时间降到 94 秒 –9 秒 =85 秒，距离目标还有 9 秒钟。

经过进一步的观察，又发现一些新的改善机会：在扣压工位，操作员需要 5 秒钟将待加工的输油管装入夹具。在下个工位，操作员又要花 5 秒钟将工件装入检测机。

很明显，装卸料的时间太长。因此，设计团队决定将扣压与检测工序合并在一起。这样可以减少一次装料动作，缩短 5 秒钟，同时省去了检测工位。同时，因为单元内少了一台设备，走动时间也节省了 1 秒钟。设计小组很快确认，每个工位上的工作时间没有超过整个生产的 40%，并且总的设备运行时间仍小于节拍时间。

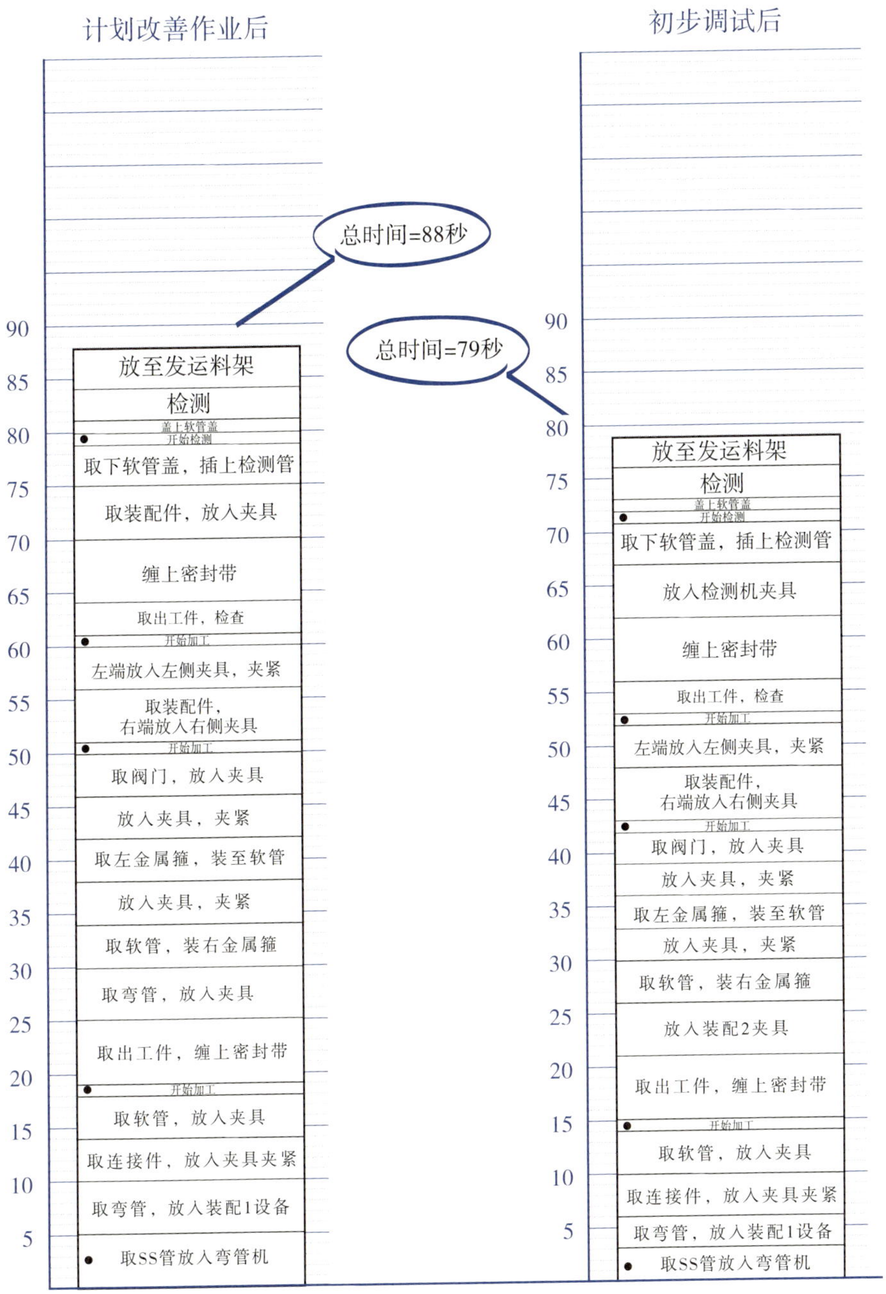
计划改善作业后
总时间=88秒
90
85
80
75
70
65
60
55
50
45
40
35
30
25
20
15
10
5
放至发运料架
检测
盖上软管盖
开始检测
取下软管盖，插上检测管
取装配件，放入夹具
缠上密封带
取出工件，检查
开始加工
左端放入左侧夹具，夹紧
取装配件，
右端放入右侧夹具
开始加工
取阀门，放入夹具
放入夹具，夹紧
取左金属箍，装至软管
放入夹具，夹紧
取软管，装右金属箍
取弯管，放入夹具
取出工件，缠上密封带
开始加工
取软管，放入夹具
取连接件，放入夹具夹紧
取弯管，放入装配1设备
取SS管放入弯管机
初步调试后
总时间=79秒
90
85
80
75
70
65
60
55
50
45
40
35
30
25
20
15
10
5
放至发运料架
检测
盖上软管盖
开始检测
取下软管盖，插上检测管
放入检测机夹具
缠上密封带
取出工件，检查
开始加工
左端放入左侧夹具，夹紧
取装配件，
右端放入右侧夹具
开始加工
取阀门，放入夹具
放入夹具，夹紧
取左金属箍，装至软管
放入夹具，夹紧
取软管，装右金属箍
放入装配2夹具
取出工件，缠上密封带
开始加工
取软管，放入夹具
取连接件，放入夹具夹紧
取弯管，放入装配1设备
取SS管放入弯管机

到目前为止，通过改善工作时间缩短了 15 秒，整个作业时间降到 79 秒。Apex 公司决定采用循环式作业方式，让两名操作员在单元中先后完成所有的工作内容。

所有工作内容的作业时间比节拍时间少 1 秒，这样 Apex 公司的生产单元就能够正常运转了。而且，两班之间安排 1 小时的加班来应对生产的波动。最好每名操作员的作业时间比节拍时间要少几秒，这样可以通过预留的时间来应对突发情况，从而满足顾客需求。

基于此，Apex 管理层继续改善，将生产周期再缩短 3 秒钟，每名操作员工作时间只占节拍时间的 95%。一些改进的想法，例如：为装配 2 工序安装自动装夹的功能，以及采用分料装置，使两个金属箍自动补料。这两个改善方案都属于技术改造，需要 2 周的时间才能完成。

改进团队甚至还考虑了，是否将缠绕密封带（5 秒）移出生产单元，安排到客户的总装车间，在输油管装车时再完成。但他们最终决定把这项增值的工作留在 Apex 公司，只是需要继续改善。

第四阶段：维持连续流

一旦连续流生产单元实现产量目标，并且可以稳定运作时，就从调试阶段到了日常运营阶段了。此时，设计团队与管理层仍需进行现场观察与支持，还不能完全让单元团队成员自行管理，这个时候的流程和体系还很脆弱，尤其是在定拍工序环节，否则很有可能退回到最初状态。

精益生产的所有要素都是紧密结合的，生产单元遵照标准作业，准时生产，达成指标；班组长和生产主管必须时刻了解生产状况，并及时解决问题；物料输送人员必须按路线，定时定量负责配送；设备维修人员必须按维修计划，并且快速地解决生产线上出现的问题。

在精益生产系统中，生产部门与其他支援小组应该紧密配合，与节拍时间挂钩，所有人的工作目标都是要满足顾客需求。在理想状况下，操作员的工作周期时间接近节拍时间，操作员没有时间解决生产中的异常，所以需要依赖一个可靠的支持小组，提供必要的支持。任何一个好的工厂，生产线上都会出现问题，仅依靠操作员来解决问题是不切实际的。

为了建立一个可靠的支援体系，应该为班组长、生产主管和设备维修人员也制定一套标准的作业程序，就像之前提到的操作员那样。他们的职责包括，迅速对生产线出现的问题作出反应，并消除问题的根本原因。他们的标准作业程序，应详细列出每天的职责以及到现场观察的次数。当你为支援小组制定标准作业程序时，应该注意以下三点：

迅速解决问题

第五部分介绍了遵循一定的节奏为顾客提供产品，在直接影响顾客需求的定拍工序，解决问题的速度与能否达到生产指标直接挂钩。因此，发现问题的速度，与多长时间安排一次生产计划，以及一次取走多少件成品有关。因此，当运行一个新生产单元，并且趋于稳定时，与其定出一个生产计划，不如按照一定的单位制造时间将成品运输到出货区。这样可以使生产线上的问题尽快暴露出来，迅速地解决，可以避免不必要的加班。

有节奏的提取（Paced Withdrawal），即以固定的、频繁的节奏，向工作区发布生产或提取成品的指令，其目的是快速地发现问题，而不是增加操作员的工作负荷，也不是提高生产效率。事实上，每名操作员的工作量，已经在纸上改善阶段被定义好了。

有节奏的提取，这就是连续流的"心跳节奏"。每当单位制造时间内无法达到生产指标，班组长或生产主管就需要立刻作出反应，目标是在单位制造时间内解决问题，从而恢复"心跳节奏"。在解决问题时，班组长可以采取以下行动：

● 如果质量出现问题，需要返修，可以让操作员继续生产，由班组长自己来完成返修的工作。或者，由班组长把那个出现质量问题的操作员替换出来，让他来负责返修的工作。

● 当生产进度落后，人手不够时，班组长应该马上加入生产团队，作为增加的操作员，直到赶上生产进度。

● 当设备出现问题时，班组长应作出判断，是否可以自行调整，还是需要设备维修人员来解决。设备维修人员应在 2 分钟内赶到现场予以支援。

监督检查机制

为了保持改善的成果，需要建立一套监督检查机制，由不同的管理层，定期地按月、周、日进行监督检查。班组长检查操作员的工作，生产主管检查班组长的工作，生产经理检查生产主管的工作，最后，厂长负责监督整个工厂的运作。

听起来这个监督制度非常复杂，其实不然，一旦步入正轨，班组长和生产主管只需要用10~30分钟来做日检，生产经理每周用20分钟至1小时、厂长每月用1天时间来完成监督检查的作业。

这些监督检查的工作，应该列入公司管理层的标准作业中。全厂上下，每个人对建立连续流都担负一定的职责。管理层的每名成员都应该作为一个"教练"，教导下一层级的团队成员如何监督检查。

以下是各团队成员的职责和监督检查时间表：

操作员：每天必须遵守标准作业，检查工作是否到位。开工前，要依照"设备点检表"做例行检查（预防性设备维护，Preventive Maintenance），包括：机油、过滤器以及螺母、螺栓是否紧固等。就像飞机起飞前，驾驶员必须做的安检一样，确保设备正常，并且防范可能发生的问题。

班组长：每天按照监督检查表检查班组成员的工作状况（具体参考第150页的表格），包括操作员是否准时上下班？当进度落后于节拍时间，或出现问题时，操作员是否立即通报？操作员在从容器中取第一个零件时，有没有取下看板卡片，并放在相应位置上？是否正确操作机器设备？是否做了适当的质量检查？是否进行设备点检？检查的清单由于行业不同，内容也会有差别，但班组长应对每名班组成员的工作逐一进行检查。

生产主管：每天应监督每名班组长，完成标准作业。此外，每天还应完成对生产单元一名操作员工作的检查。每周检查现场的清洁情况，确保物品的定置定位。

生产经理：每天应确认生产主管完成了对班组长以及对每一单元内一名操作员的监督工作，同时生产经理自己需要对区域内一名操作员的工作进行检查。生产经理监督的项目包括：生产主管是否每小时查看生产管理板，并且签字？是否按单位制造时间的节奏，将成品运至发货区？生产控制部门是否检查看板，确认拉动系统中的库存量是否合理？有没有看板卡片丢失的情况？生产控制部门是否每日检查在制品库存？（如果每1小时补料一次，那么线上应备有2小时的库存。）

厂长：每月应做一次全厂的5S检查（或者根据需要增加频次，尤其是在过渡阶段）。同时，与班组长和生产主管一起，检查一名操作员的标准作业。

监督检查表（例）

监督检查区域

时间（年，月）

工位名称或编号

检查人员

检查日期

检查人员在空白处填写

- 标准化作业表是否为最新版本？
- 标准化作业表是否直观？
- 生产单元或生产线是否配备了适当数量的操作员？
- 操作员是否遵循既定的操作移动路径？
- 作业过程是否与工位安排的一致？
- 物料放置位置是否合适？
- 滑槽和料架的使用是否正确？
- 产量目标是否更新至生产管理板？
- 生产管理板是否每小时更新？
- 管理层是否按时检查生产状态信息板？

检查程序：

1) 每组每天检查一名操作员的作业情况
2) 每周检查不同操作员的作业情况
3) 每次检查10个操作周期
4) 如果操作符合标准化作业，在表中画"O"
5) 如果操作不符合标准化作业，在表中画"×"，并在备注栏记录原因

注意：如果出现"×"，生产主管应在该班生产结束前采取改正措施

备注：

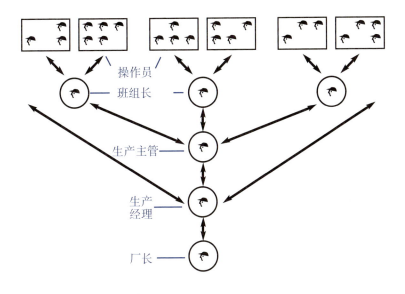

典型的责任关系

改善

任何一个系统不可能长期维持在稳定的状态，不进则退。要想在定拍工序继续保持连续流，最好的方法就是持续改善。关键在于每天由班组长和操作员一起维持标准作业，发现改善的机会，进而提升更好的标准作业。

标准工作中的一部分就是生产主管应定期评估流程中改善的可能性。有一种做法是，每30天对每个生产单元做一次详细的改善分析。在观察分析时，生产主管应该花1~2小时，仔细观察操作的情况，提出下列问题：什么样的问题造成了流动的中断？还存在哪些浪费？应该如何消除？下一步改善计划是什么？

每月1次的改进分析可以加深生产主管对生产单元实际状况的了解。刚开始，他们可能会觉得这个分析工作不容易进行，但通过每月1次的观察，生产主管不仅可以容易地找出问题，并能够确定根本原因，彻底解决问题。

生产主管应该把观察到的情况记录下来，哪些地方做得好？哪些需要改进？然后与操作员、班组长一起讨论观察到的情况。其间应该特别注意的问题包括：

● 任何过去改善的项目，但还没有列入标准作业的原因。

● 物料不在其位，比如：若操作员先抓一把螺钉放在工作台上，为什么不改变存放螺钉的位置呢？

● 操作员工作量的不平衡，忙闲不均。

经过与操作员、班组长交换改善意见后，主管需要决定哪些改善应立即实施，目标是尽可能地在 24 小时内完成，然后决定哪些改善建议可以在 1~2 周内实施。虽然每个月检查一次生产单元，但要避免制定 30 天后的行动计划，因为这会使工作缺乏紧迫感。

改善无止境，量变引起质变。每月 1 次在定拍工序的分析工作，是最有效的方法。任何改善行动，都要求班组长或生产主管及时更新操作员平衡表，引导你去思考工作的流程，哪些是增值的工作？哪些是必要非增值工作？哪些是浪费？这些思考促使你不断地对生产过程进行反思，并且持续改善。

改善获得共赢

对生产单元进行持续改善，消除浪费，逐渐地可以减少需要的操作员人数，从而大幅降低生产成本。

要取得这样的成绩，需要流程内所有人共同努力，同时必须为节省出来的操作员安排好的工作。否则，大家会失去改善的动力与信心。

所有人的工作迟早都会改变，因为没有一种岗位是永恒不变的。但只要有生意，雇佣就总是存在的。一般来说，在没有失业的顾虑时，每个人都愿意提出改善的建议。所以，在改善工作后让操作员下岗，乃兵家大忌。

当操作员离开该单元后，公司应该安排他们从事一些更有挑战性的工作，例如担任班组长，或者负责物料管理，或者让他们参与建立新的连续流单元。将有经验的员工安排在不同的生产单元，可以帮助公司提升生产效率及竞争力。此外，也可以安排他们参加改善小组，推动改善工作。在一个精益的组织里，当一个单元可以减少一名操作员时，管理层会让最有经验的员工离开，去完成更具挑战性的工作。比如，培养会单元内所有工序操作的员工成为一名班组长，这样的安排可以让你的组织和团队更加理解改善的意义。改善，是使流程更加顺畅，而不是为了节省人。

结 论

本书所描述的工具，是全球制造业近年来发展中的一部分：将生产线从原来按设备功能和任务来组织的大批量生产模式，转向以流程驱动的生产，最后达到真正的连续流的单元生产。本书的目的就是向大家介绍建立连续流的细节步骤。

在技术细节的层面上，设计、完善、维护及改进连续流有许多不同的方法，但最重要的是要采取行动。本书所阐述的方法，运作起来很有体系，是目前我们能找到的最好工具。我们非常高兴能与你分享这些方法，也希望你能够动手实施。

建立、运行以及不断改善连续流，是一项需要操作员、工程师以及管理层通力合作的任务，需要公司上下打破陈规，接受创新的思维。最难得的是，每个人都可以从一个真正连续流的生产单元中获益。连续流能够提高企业竞争力，是企业长期战略中的重要一环。

在一个与顾客需求紧密结合的定拍工序，建立起连续流，是大家执行精益最好的起点。这样不但能为外部的顾客马上提供更好的服务，同时也能拉动内部的流程改善。但是连续流不可能是在办公室里计划出来的，必须到车间里去观察、学习，才可能实施。我们建议公司的领导层，积极参与生产单元的设计以及实施。不论你的职位有多高，都请放下身段，亲自绘出现状与理想价值流图，学习如何编制操作员平衡表，亲身参与监督检查，并协助解决问题。

在定拍工序创建连续流是执行精益的一部分。正如《学习观察》一书中提到的，精益生产涵盖了从原材料到成品，从概念设计到产品交付，由顾客所定义的整个价值流。一个运作良好的定拍工序，是实践精益价值流的不二法门。

最后，我们衷心地祝愿你，在贵公司的价值流中，能够创建真正的连续流，并且随着经验的积累及技能的提升，能够扩大成果，更上一层楼！

不要等待，立即采取行动吧！

附录 A 连续流相关定义

所谓连续流，理想情况下是指在生产过程中，产品一件一件地从上游工序流向下游工序。在这种生产方式下，每道工序仅在下道工序需要的时候完成一件产品，然后以单件的方式传递到下一工序。因此，连续流也可以称为"单件流"，其特征是"完成一件，传送一件"。

一个生产单元，是由人、机、料、法四个基本要素组成的生产方式。单元中工位布局紧凑，工件以连续流的形式完成加工（在某些情况下，不一定能够实行单件流，但可以采用小批量逐步完成加工。通过改善逐步减小批量，向单件流方向努力）。生产单元的目的，是实现并保持高效率的连续流。

单元生产最常见的是应用在与外部顾客靠近的工序，比如：总装、焊接涂装等。但是，也可以用在一些上游的工序，比如：零部件的精加工，或组件装配等。单元或流水线生产，如果是操作员传递工件的话，按照操作员定拍；如果是用传送带自动传递工件的话，就以设备定拍。不管哪一种方式，为了达成连续流，物料的传递必须采取同样的节奏。

最常见的生产单元大都采用 U 形布局，但这不是唯一的形式。采用 U 形布局有两大好处：第一，有利于灵活分配操作员的工作；第二，第一道和最后一道工序间的走动距离最短。连续流还可以采用其他形式，比如直线形布局，这种方式比较容易观察，同时可以使用传送带来传递物料。

为什么连续流如此重要？

精益生产之所以竭力地实现连续流，是因为这是一个将原材料转变为产品的最有效方法。

●以最少的投入，包括直接和间接的人力资源、设备、物料、场地等，来完成一件产品的生产，从而实现较高的生产效率和较低的成本。

●缩短交付周期时间：能够以更快的速度响应顾客的需求，同时可以在更短的时间内，回收资金。

●暴露各种潜在的问题，比如不良品。这意味着可以很快发现问题，并予以解决。一般来说，在连续流的生产方式下，很容易在最短的时间内找出异常状况发生的根本原因。

●鼓励不同工序间的沟通交流，建立起前后工序间，"后工序是前工序的顾客"的关系。

●任何产品在它实际被需要之前就已经生产，将会产生很多不必要的浪费，比如：重复搬运、清点库存等。

即使在生产线上发现一件多余的在制品，也应该意识到你已经占用了操作员的时间，生产了一件并不需要的产品。你大可以善用操作员的这段时间与技术，生产一件有需要的产品。

当你仔细观察时，就会发现许多工厂里的操作员看起来非常忙碌，事实上他们大部分的时间是在生产下一道工序并不需要的产品，或者是等待及寻找他们需要的产品。如果能够在下一道工序有需要的时候才开始生产，就不会存在那么多浪费了。

什么情况下不适合用连续流?

在理想的情况下,价值流从头到尾都应该实施连续流,但是,有时会受到一些现有设备的制约:

●有一些设备加工的速度超过顾客需求,同时需要大量的资金投入,在生产不同零件的时候需要换模(如冲压)。

●有些设备可靠性太低,无法与其他机器配合。

●有一些设备在其正常运作周期内无法按照节拍时间完成加工(如注塑、铸造)。

●一些设备就是为大批量生产设计的,如热处理、涂装、电镀等。

因此,有时很难完全消除批量生产的模式。但通过持续改善,希望能够找出更好的方法,善用现有的设备。设计出一些较简单、可靠性高的设备,专门生产相应的产品。坚持持续改善,可以让我们离精益的目标越来越近。

附录 B　标准作业组合表

操作员平衡表（OBC）是一个简单的目视工具，能帮助大家在生产过程中发现并消除操作员动作中的浪费。当你熟悉操作员平衡表以后，可以试用一种更详细的分析工具，即标准作业组合表（SWCT）。

这两个图表的不同之处在于，SWCT强调的是操作员之间，以及操作员与设备之间的互动关系。该图表能够将一个操作员的手工作业、走动，以及设备的加工过程都包括其中。详见下页中的实例：

1.用一条红色的竖线表示节拍时间；

2. 将操作员的工作要素，按顺序排列起来；

3. 然后再分别填入每个工作要素的时间；

4. 用实线代表手工作业，虚线代表机器运转，波浪线代表走动。当代表累计机器运行时间的虚线超过了节拍时间，对多出的部分从起点另外绘出来。这表示机器运行时间过长，可能导致操作员的等待。

标准化作业组合表

从:拿取SS管(原材料)		日期:2001年4月12日	每班需求量:690
到:将成品放至发运料架		区域:卡车输油管单元	节拍时间:40秒

图例:
- 手动 ——
- 走动 〜〜
- 自动 - - -
- 2倍节拍时间

	工作要素	时间(秒) 手动	自动	走动	时间图（秒）
1	拿取SS管放入弯管机	3			
2	取弯管,放入装配1设备	3		1	
3	取连接件,放入夹具夹紧	4			
4	取软管,放入夹具	4			
5	装配1开始加工	1			
6	取出工件,缠上密封带	6		1	
7	取弯管,放入装配2夹具	5			
8	取软管,装右金属箍	4			
9	放入夹具,夹紧	3			
10	取金属箍,装至软管	3			
11	放入夹具,夹紧	3			
12	取阀门,放入夹具	3			
13	装配2开始加工	1		1	
14	取装配件,右端放入右夹具	5			
	等等				
	总计	等待			

秒(上轴):5 10 15 20 25 30 35 40 45 50 55 60 65 70 75 80 85
秒(下轴):10 20 30 40 50 60 70 80 90 100 110 120 130 140 150 160 170

精益企业中国（LEC）

精益企业中国（Lean Enterprise China, LEC）是一个非营利性组织，2005 年成立于上海，是全球精益联盟（Lean Global Network, LGN）32 个国家会员之一。

LEC 的使命是促进精益思想在中国的传播和实践，帮助企业精益转型，增强竞争力，回馈社会。我们的愿景是建立中国精益知识平台，引领精益人才培养。

LEC 致力于把精益理念和方法引进中国：

·系统性引入精益知识体系：翻译及推出了 34 本精益专业书籍

·凝聚精益同好，共同学习分享：举办了 14 届全球精益高峰论坛

·启动中国企业精益实践的研究：出版了 5 本《精益实践在中国》

www.leanchina.net.cn

.